마음을 읽어주는
유쾌한 남녀 대화법

마음을 읽어주는

유쾌한 남녀 대화법

대화전문가 이정숙 지음 | 김대중 그림

나무생각

새롭게 펴내며

이성, 흥미로운데 왜 통하지 않나

　모임에 가보면 반드시 한 번은 남녀에 관한 이야기가 등장한다. 그런데 언제나 화합 구도가 아닌 대결 구도로 이야기가 전개된다. 남녀 대화의 특성과 차이를 아는 사람으로서 종종 마음이 아프다.
　신은 한 인간을 창조할 때 완전 구조를 목표로 하지 않으셨다. 둘을 합해야 완전해지도록 미완성으로 설계하셨다. 둘이 만나 약점을 보완해 완성되도록 머릿속에 서로를 그리워하는 호르몬을 장치해 두셨다. 그래서 남녀 문제는 가장 흥미로운 이야기 메뉴일 수밖에 없는지도 모른다. 직장인들을 위한 조직 커뮤니케이션을 강의할 때도 남녀 갈등 문제를 질문하는 사람들이 많다. 이렇듯 남과 여는 서로에게 관심을 갖고 있으면서도 서로의 다른 점은 너무나 모른다.
　《한 가지만 알아도 쉽게 풀리는 남녀 대화법》에 내용을 보강하고 장정을 바꿔 새롭게 내는 이유가 여기에 있다. 우리 사회는 이미 직장

성비 균형이 엇비슷해졌다. 남녀 역차별을 주제로 한 코미디 프로그램이 대박을 터트릴 만큼 남녀 간의 파워도 어느 정도 평행을 이루었다. 그런데 이성 간의 대화 코드 해석법은 여전히 변하지 않았다. 이것은 남녀가 힘의 균형을 이루면 행복해질 줄 알았던 기대를 무너뜨리고 여전히 화합이 아닌 대결 구도를 형성하게 만들었다.

사실 이 문제는 해결이 어려운 것이 아니다. 남녀 간의 서로 다른 대화 특성 몇 가지만 알아도 갈등의 반 이상을 줄일 수 있다. 남녀 간의 대화 방법은 외국어만큼 코드가 서로 다르다. 남녀가 각기 자기 방식으로 이성의 말을 해석하면 말의 본래 의도가 아닌 엉뚱한 의미로 변질된다. 그러나 남녀 간의 언어 코드 해석법을 알면 남녀의 대결 구도를 충분히 화합 구도로 바꿀 수 있다.

연애 중인 남녀, 연애 대상을 물색 중인 남녀, 결혼을 꿈꾸거나 결혼한 남녀, 결혼 생활이 버거워 해체를 고민하는 남녀, 직장에서 매번 이성에게 상처받고 마음이 불편한 남녀 모두 이성의 언어 코드를 읽을 줄 알면 지금과는 다른 신세계가 열릴 것이다. 이 책이 그런 희소식으로 다가가리라 확신한다.

2011년 6월 이정숙

머리말

사냥꾼과 파수꾼

'말'이란 독립적인 것이 아니다. 그 사람이 자라온 환경, 직업, 개성, 삶을 바라보는 시각, 부모의 양육 방법, 신체적 조건 등의 지배를 받는다. 그런 것들이 뇌의 구조와 사고 체계, 언어 사용법을 지배하기 때문이다. 이런 이유 때문에 서로 상이한 타인과의 의사소통은 어려울 수밖에 없다.

사람에게 부와 명예보다 더 중요한 것은 타인과의 원활한 의사소통이다. 사회적으로 성공한 사람도 연인 또는 배우자, 부모, 자녀, 동료, 그리고 친구와의 의사소통이 막히면 어디에서 인생의 의미를 찾을 것인가? 특히 사랑하는 이성, 어려울 때 기댈 수 있는 가족 간의 의사소통이 원활하지 못하면 사회적 성공도 의미가 없을 것이다.

그런데 가정을 이루는 기본 단위는 서로 다른 성을 가진 남과 여이며, 다른 성과의 대화는 동성 간의 대화보다 몇 백 배 더 어렵다. 사고 체계가 정반대이기 때문이다.

그런데 모든 동물은 번식을 위해 상이한 신체 기능과 사고 체계를 가진 이성과 결합해야 한다. 동물은 번식기에만 결합을 하고 집단 생활을 하기 때문에 별 문제가 없다. 유독 인간만이 번식을 마치고도 한 쌍의 이성이 동거해야 하기 때문에 의사소통 문제를 안고 살아야 한다.

남녀의 뇌 모드와 신체 기능이 다른 데다, 그 차이가 사고 체계를 바꿔 남녀의 언어 사용을 달라지게 한다.

남자들은 인류 탄생 이래 모두 사냥꾼이었다. 밖에 나가 짐승을 잡아다 가족의 생존을 책임져야 했다. 남자들이 전문 사냥꾼 노릇을 면한 지는 불과 몇 백 년밖에 되지 않았다. 지금 삶의 방식이 많이 달라졌지만 뇌의 변화는 수백 년 이상의 경험이 누적되어야 가시적 변화를 보이므로, 남자들이 가계를 책임지는 고전적인 가정 구조가 지속되는 한 남자들의 기본 뇌 모드는 당분간 사냥꾼 모드에 머물 것으로 보인다. 사냥꾼은 비바람 속에서도 짐승 발자국 소리만 골라 들어야 사냥에 성공할 수 있다. 그래서 사냥꾼 뇌 모드의 남자들은 자기가 몰두하는 일이 아니면 귀담아들을 수 없게 되어버렸다.

반면 여자는 남자가 사냥을 나간 동안 집을 지키며 자손을 낳아 양육하고, 사냥에서 돌아온 남자가 쉴 장소로서의 집을 가꾸는 파수꾼으로 살아왔다. 파수꾼은 사냥꾼과 정반대로 사소한 일 모두를 알아야 맡은 임무를 제대로 수행할 수 있다. 여러 가지 일이 동시에 벌어져도 신속하게 모두 해결할 줄 알아야 가정과 자식을 지킬 수 있는 것이다. 따라서 남자와 달리 한꺼번에 모든 소리를 다 들을 수 있는 기능이 생겼다.

남녀는 이처럼 뇌 모드만 다른 것이 아니다. 신체 기능도 다르다. 남자는 유전자를 확산시키고, 여자는 그 유전자를 양육하는 데 적합한 신체를 가졌다. 뇌 모드와 신체 기능 차이가 만든 서로 다른 사고 체계는 연인이나 부부 사이뿐 아니라 어머니와 아들, 아버지와 딸의 관계에서도 갈등을 일으킨다. 또한 가족 간에는 서로에게 가까운 사이라는 기대가 있어 의사소통 문제가 발생되면 더 큰 상처를 입는다.

최근에는 사회가 급변하면서 남녀의 역할 경계가 무너지기 시작해, 여자들이 변형된 사냥터인 직장으로 나가는 일이 늘면서 남녀 간의 사고 체계 혼합 조짐이 나타나고는 있다. 그러나 남녀의 신체 기능은 불변이고 사고 체계 변화는 오랜 시간이 필요하기 때문에, 아직은 남녀 의사소통의 가장 큰 걸림돌은 원초적 뇌 모드와 신체 기능의 차이에서 온다.

인간은 다른 동물보다 고등하기 때문에 남녀의 상반된 뇌 모드와 신체 기능을 알기만 해도 그 차이에서 오는 갈등을 상당히 많이 조절할 수 있다. 그래서 나는 이미 결혼을 하고 이성과의 의사소통 문제로 갈등을 겪고 있는 사람들은 물론, 아직 결혼할 나이가 안 된 사람들에게도 이성 간의 서로 다른 사고 체계를 이해하게 함으로써 현재는 물론 미래에 겪을 의사소통 문제를 방지할 수 있도록 이 책을 쓸 생각이다.

이 책은 이성에 눈을 뜨는 청소년부터 이미 결혼 후반기에 들어서 인생 전체를 조망하며 배우자와의 관계를 재정립해야 하는 장년층까지, 남녀의 서로 다른 사고 체계를 이해하고 배우자를 포용하도록 쉽고 간략하게 썼다. 미혼자들은 전체 내용을 자세히 그리고 여러 차례 읽어두면 사랑하는 사람과의 의사소통 문제를 사전에 예방하는 방법을 터득할 수 있을 것이다. 결혼 초·중반 또는 그 이후의 사람들은 배우자와의 의사소통 문제를 원초적 원인에 입각해 해결책을 쉽게 찾아낼 수 있을 것이다. 그래서 이 책은 연인 만들기부터 유지하기, 결혼 생활에서의 의사소통법 그리고 이성 자녀, 직장 내 이성 간의 의사소통법 순서로 꾸몄다.

남녀 간의 서로 다른 뇌 모드와 신체 기능, 거기서 파생된 언어 사용법만 이해하면 남녀 간의 의사소통은 한결 쉬워져 가족 간이나 사회 생활에서 원만한 인간관계를 열어갈 수 있을 것이다.

나는 이 책이 연인, 부부는 물론 이성 자녀, 직장의 이성 동료 간의 의사소통에 관심 있는 분들에게 그 장애물 제거법을 알게 해줄 것임을 확신하고 있다.

차례

새롭게 펴내며 이성, 흥미로운데 왜 통하지 않나 ·············· 4
머리말 사냥꾼과 파수꾼 ·············· 6

① 연애를 시작할 때

01 - 주변에 쓸 만한 애인감이 없다면
　　"괜찮은 사람은 다 어디 있지?" ·············· 20

02 - 괜찮은 남자를 애인으로 만들고 싶다면
　　"제발 좀 꼬치꼬치 따지지 마!" ·············· 22

03 - 마음에 둔 여자에게 접근할 때
　　"이 꽃, 받아주실 거죠?" ·············· 25

04 - 마음에 둔 남자에게 접근할 때
　　첫 사냥감이 되어라 ·············· 27

05 - 남자와 밀고 당기기를 할 때
　　"오늘은 좀 그렇고, 다음에 봐요." ·············· 30

06 - 여자와 밀고 당기기를 할 때
　　"당신을 지켜드리고 싶습니다." ·············· 32

07 - 사랑하는 그녀와 진도를 나가고 싶다면
　　극적으로 과거를 고백하라 ·············· 36

08 - 사랑하는 그와 진도를 나가고 싶다면
　　애매한 태도로 달아오르게 하라 ·············· 38

09 - 그녀가 거절했으나 포기할 수 없을 때
　　쿨하게 돌아서서 그녀 주변 여자를 공략하라 ·················· 41

★ 언제나 효과적인 작업용 대사 목록
　　그에게 · 그녀에게 ··· 44

2　연애 중에

10 - 결혼을 미루는 그에게
　　"우리 그만 헤어지자." ··· 50

11 - 전화 약속을 어기는 그에게
　　침묵의 메시지를 건디게 하라 ·· 53

12 - 잘해주어도 달아나려고 하는 그에게
　　"됐거든?" ·· 56

13 - 그녀가 갑자기 화를 낼 때
　　"미안해." ·· 59

14 - 그가 다른 여자에게 눈길을 줄 때
　　"저 여자 참 멋있지?" ·· 63

15 - 양다리 걸치는 그녀 앞에서
　　"침착해." ·· 66

16 - 양다리 걸치는 남자 앞에서
　　"나는 몰라요." ·· 68

17 - 그녀의 질투가 너무 심하다면
　　"난 당신이 제일 예뻐." ·· 70

18 - 남자도 질투를 표현할 필요가 있다
　　"저 남자가 나보다 멋있어?" ··· 73

19 - 당신의 옷이 야하다고 불평하는 그에게
"알았어. 그렇게 할게." ⋯⋯⋯⋯⋯⋯⋯⋯⋯⋯⋯⋯⋯⋯⋯⋯⋯⋯⋯⋯⋯ 75

20 - 당신의 말에 귀를 기울이지 않는 그에게
그가 몰두하는 일이 끝난 후 다시 말하라 ⋯⋯⋯⋯⋯⋯⋯⋯⋯⋯⋯ 79

21 - 그의 직선적인 표현 때문에 마음이 상할 때
논리적으로 간결하게 말하라 ⋯⋯⋯⋯⋯⋯⋯⋯⋯⋯⋯⋯⋯⋯⋯⋯⋯ 82

22 - 당신이 말귀를 못 알아듣는다고 그녀가 답답해한다면
"이 말은 어떤 의미일까?" ⋯⋯⋯⋯⋯⋯⋯⋯⋯⋯⋯⋯⋯⋯⋯⋯⋯⋯⋯ 84

23 - 그녀가 원하는 부드러운 남자가 되고 싶다면
낮은 목소리로 다정하게 ⋯⋯⋯⋯⋯⋯⋯⋯⋯⋯⋯⋯⋯⋯⋯⋯⋯⋯⋯⋯ 88

24 - 나를 소홀히 대하는 내 남자에게
"난 달라졌어!" ⋯⋯⋯⋯⋯⋯⋯⋯⋯⋯⋯⋯⋯⋯⋯⋯⋯⋯⋯⋯⋯⋯⋯⋯⋯ 90

3 결혼 초반에

25 - 아내가 시어머니와 갈등이 있을 때
두 얼굴의 사나이가 되어라 ⋯⋯⋯⋯⋯⋯⋯⋯⋯⋯⋯⋯⋯⋯⋯⋯⋯⋯ 96

26 - 남편이 시어머니 편만 들 때
"당신이 좀 도와줘요." ⋯⋯⋯⋯⋯⋯⋯⋯⋯⋯⋯⋯⋯⋯⋯⋯⋯⋯⋯⋯⋯ 99

27 - 처가에 소홀하다고 아내가 불평할 때
"미안해, 내가 더 신경 쓸게." ⋯⋯⋯⋯⋯⋯⋯⋯⋯⋯⋯⋯⋯⋯⋯⋯⋯ 102

28 - 집안일을 돕지 않는 남편에게
"당신이 도와줘서 정말 고마워." ⋯⋯⋯⋯⋯⋯⋯⋯⋯⋯⋯⋯⋯⋯⋯ 104

29 - 연애 때 뜨겁던 남편이 결혼 후 무심하다면
"난 언제나 이 자리에 있을게." ⋯⋯⋯⋯⋯⋯⋯⋯⋯⋯⋯⋯⋯⋯⋯⋯ 108

30 - 아내의 불평이 심할 때
　당신의 행동 패턴을 점검하라 ·················· 111

31 - 남편이 철없는 아이처럼 굴 때
　"그러지 말고 이렇게 해주세요." ·················· 114

32 - 쇼핑을 따라온 남편이 불평할 때
　남편을 집에 두고 다녀라 ·················· 117

33 - 아내가 남편의 주말 취미를 함께하기 싫어한다면
　"당신은 뭘 하고 싶어? 내가 맞출게." ·················· 120

34 - 남편이 친구와 너무 자주 어울릴 때
　"일주일의 절반만 나와 함께 있어줘." ·················· 123

35 - 외출 때마다 아내를 기다려야 할 때
　독촉하지 말고 다른 일에 시간을 사용하라 ·················· 126

36 - 외출에서 아내 때문에 짜증이 날 때
　"천천히 해." ·················· 128

37 - 아내가 억지를 부릴 때
　"맞아, 맞아." ·················· 130

38 - 남편과의 잠자리가 내키지 않을 때
　"어쩌지? 오늘은 좀······." ·················· 133

39 - 아내와의 잠자리를 거절할 때
　거절 이유를 자상하게 설명하라 ·················· 137

40 - 남편이 결혼 전의 일을 고백하라고 할 때
　"우리 서로 믿기로 해요." ·················· 141

41 - 아내가 '화 안 낼 테니 다 털어놓으라'고 할 때
　들키기 전까지는 딱 잡아떼라 ·················· 143

4 결혼 생활 경력이 쌓였을 때

42 - 아내가 남편에게 애정이 식었다고 푸념할 때
"미안해." "사랑해." ⋯⋯⋯⋯⋯⋯⋯⋯⋯⋯⋯⋯⋯⋯ 148

43 - 남편이 당신의 말을 못 들었다고 할 때
"지금 하는 말 중요한 거야." ⋯⋯⋯⋯⋯⋯⋯⋯⋯⋯ 152

44 - 아내의 외모가 변해버렸을 때
"지금이 딱 보기 좋아." ⋯⋯⋯⋯⋯⋯⋯⋯⋯⋯⋯⋯ 155

45 - 남편의 바람기가 걱정될 때
"난 당신 없으면 아무것도 못해요." ⋯⋯⋯⋯⋯⋯⋯ 158

46 - 부부 모임에서 아내가 매너 없이 행동할 때
"저희 집사람이 좀 천진난만하죠?" ⋯⋯⋯⋯⋯⋯⋯ 162

47 - 부부 모임에서 남편이 다른 여자에게만 친절할 때
"나한테도 그렇게 웃어주면 좋겠어." ⋯⋯⋯⋯⋯⋯ 164

48 - 아내가 자녀 교육을 좌지우지하려 할 때
"우리 이런 방법을 한번 써보자." ⋯⋯⋯⋯⋯⋯⋯⋯ 166

49 - 남편이 자녀의 교육비를 아까워할 때
"우리 함께 고통을 분담해봐요." ⋯⋯⋯⋯⋯⋯⋯⋯ 170

50 - 외식에서 자기 취향만 고집하는 남편에게
"우리 오늘은 분위기 한번 잡아보자." ⋯⋯⋯⋯⋯⋯ 172

51 - 아내가 전화 통화를 너무 오래할 때
"당신 요즘 뭐 속상한 일 있어?" ⋯⋯⋯⋯⋯⋯⋯⋯ 175

52 - 파워가 없어진 남편에게 아내가 불평을 늘어놓을 때
"그동안 내가 미안했어." ⋯⋯⋯⋯⋯⋯⋯⋯⋯⋯⋯⋯ 178

53 - 남편이 짐스럽게 느껴질 때
남자들에게 발언권은 곧 파워임을 이해하라 ⋯⋯⋯ 181

54 - 아내가 남편을 우습게 여길 때
　　후천적 카리스마를 길러라 ················· 185
55 - 남편이 자식들 앞에서 무시할 때
　　"다음엔 둘만 있을 때 이야기해줘." ················· 188
56 - 아내가 동창 모임에 다녀온 후 남편에게 불평을 늘어놓을 때
　　"당신이 화날 만하네." ················· 191
57 - 침착하게 대화를 못하는 남편에게
　　요점을 추려 간단히 말하라 ················· 194
58 - 아내의 잠자리 요구가 겁날 때
　　접촉보다는 마음을 전하라 ················· 197
59 - 남편이 잠자리 요구를 회피할 때
　　"우리 분위기 한번 바꿔볼까?" ················· 199
60 - 아내가 잠자리를 거부할 때
　　"당신은 어떻게 하는 게 좋아?" ················· 201

5　가족 사이의 남녀 대화법

61 - 어머니를 피하는 아들에게
　　화를 자제하고 냉정하게 말하라 ················· 206
62 - 아들에 대한 어머니의 간섭이 지나칠 때
　　"어머니, 너무 걱정 마세요." ················· 209
63 - 아들이 음란물을 보다가 어머니에게 들켰을 때
　　슬그머니 자리를 비켜주어라 ················· 211
64 - 어머니가 아들의 여자친구를 못마땅해한다면
　　"별로 내세울 건 없는 애예요." ················· 214

65 – 아들이 어머니에게 대들 때
"엄마가 뭘 잘못했는지 말해줄래?" 218

66 – 어머니의 의견이 마음에 맞지 않을 때
"알았어요, 어머니. 노력해볼게요." 221

67 – 딸의 노출이 걱정되는 아버지라면
"우리 딸이 너무 예뻐서 아빠는 고민이다." 224

68 – 딸이 아버지의 권위적인 억압에서 빠져나오고 싶다면
목소리를 낮춰 분명히 말하라 226

69 – 딸이 아버지에게 잔소리가 심할 때
"미안하지만 좀 봐주렴." 229

70 – 아버지가 딸의 남자친구를 싫어할 때
아버지에 대한 사전 정보를 주어라 231

71 – 딸이 아버지에게 반항하며 대들 때
"마음은 알겠지만 이건 용납하기 어렵구나." 234

72 – 은퇴한 아버지의 건강이 염려될 때
아버지의 심정을 이해한다는 말부터 하라 237

6 직장에서의 남녀 대화법

73 – 같은 직급의 남자 사원이 반말할 때
"앞으로 저한테 반말 쓰지 말아주세요." 242

74 – 여자 동료가 힘든 일을 대신 해달라고 할 때
기꺼이 돕겠다고 말하라 244

75 – 사내 연애에 실패했을 때
공식 이별 선언 후 입단속을 하라 246

76 - 여자 동료가 공적인 일에 사적인 감정을 개입시킬 때
　일단 동조하고 결정을 미루어라 ································ 248

77 - 남자 동료와 경쟁해야 하는 여자라면
　상사에게 아부하는 법을 배워라 ·································· 250

78 - 여자 부하 직원이 공적인 일도 사적으로 받아들일 때
　"다시 한번 해봐요." ··· 252

79 - 남자 상사가 자질구레한 일을 시킬 때
　"그건 제 업무가 아닌 것 같습니다." ····························· 255

80 - 여자 상사의 지시를 이해할 수 없을 때
　지시 사항을 되물어 확인하라 ······································ 258

81 - 남자 부하 직원의 태도가 건방져 보일 때
　감정을 앞세우지 말고 당당하게 말하라 ······················ 260

부록 이상적인 배우자감 고르는 법과 디지털 미디어 활용법

결혼 후에도 대화하기 힘든 남자 유형 15가지 ························· 264
결혼 후에도 대화하기 힘든 여자 유형 15가지 ························· 270
소셜 미디어를 통해 이성 친구 찾을 때 입바른 소리와 튀는 말을 구분하라 276
전화, 문자로 연애할 때 글자와 목소리 속 감정을 이해하라 ············ 279

맺음말 이 글을 마치며 ·· 282

체크 리스트 남녀 성 차이를 뛰어넘는 대화 ······························ 284

① 연애를 시작할 때

요즘은 연애를 시작하는 과정을 흔히 '작업'이라고 표현한다. 이는 저속한 표현처럼 들릴 수 있지만, 연애의 시작에 수많은 기교와 요령이 필요하다는 점에서 꼭 그렇게만 받아들일 일이 아니다.
타인의 연애 과정을 보는 것은 즐겁지만 막상 자신이 연애를 하면 결코 만만하지 않다. 수많은 남녀들이 시작부터 삐걱거려 제대로 된 연애 한번 해보지 못하고 청춘을 흘려보내기도 한다. 하지만 연애 전에 남녀의 뇌 모드와 의사 표현법을 알아두면 '작업의 성공 확률'을 크게 높일 수 있다.
이것 하나만 알아두어도 연애는 식은 죽 먹기만큼 쉬워진다. 남자의 사냥꾼 뇌 모드는 사냥감을 만나면 절대 놓치지 않으려 하고, 여자의 파수꾼 뇌 모드는 반드시 오랜 탐색을 거친 후에야 먹이를 집어든다. 여자는 세세하고 꼼꼼하게 다 챙겨야 마음이 놓인다. 이처럼 서로 다른 이성의 뇌 모드만 이해해도, 왜 당당한 남자는 인기가 있지만 당당한 여자는 '재수 없다'는 말을 듣는지, 또 왜 여자는 터프한 남자를 좋아하면서도 너무 터프한 남자는 꺼리는지 알 수 있을 것이다.

01 - 주변에 쓸 만한 애인감이 없다면

"괜찮은 사람은 다 어디 있지?"

영화 속 주인공들은 운명적이고 낭만적으로 '우연히' 마주친다. 참으로 아름다운 장면이기는 하지만, 실제로 그런 일이 일어날 확률은 길에서 주운 로또 복권이 1등에 당첨될 확률만큼 희박하다. 그러니 싱글 탈출을 꿈꾸는 당신! "주변에 괜찮은 사람이 없네……."라는 군색한 변명은 이제 그만 접자.

그 대신 과감하게 '노는 물'을 바꿔보라. 오페라나 고전 음악을 좋아하는 고상한 이성을 만나고 싶다면 고전 음악 동호회에 들어가 보고, 시원시원한 성격에 활동적인 이성을 좋아한다면 재즈 댄스 클래스나 암벽 등반 모임에 가입해보라.

당신이 집에 틀어박혀 기다려봐야 괜찮은 사람이 문을 두드리지는 않는다. 당신이 먼저 괜찮은 사람들이 '노는' 곳으로 가야 그런 일이 생긴다. 먼저 대화법을 익히고 그 대화법을 실행할 수 있는 환경을 만들어 나가라는 말이다.

　멋진 말을 준비하면 건넬 상대가 있어야 하는 법!

02 - 괜찮은 남자를 애인으로 만들고 싶다면

"제발 좀 꼬치꼬치 따지지 마!"

사냥은 급박한 상황, 짧은 순간에 성패가 드러난다. 이미 정해놓은 자기 역할대로 이행해야 성공률이 높아진다. 그래서 남자들은 서열을 중요시한다. 골목에 모여 노는 남자 아이들을 보아도 대장과 부하를 정해 질서를 유지한다. 이는 사냥터에서 군말 없이 정해진 서열에 따라 자신의 맡은 바를 충실히 이행해 사냥을 성공적으로 마치던 습관에서 온 것이다.

남자들은 시시콜콜 따지지 않는 사냥꾼 뇌 모드를 갖고 있다. 누군가 잘못을 저질렀다면 화끈하게 한 대 때리고 끝내는 것이 낫다고 생각한다.

여자들은 남자들의 이런 뇌 모드를 이해하기 어렵다. 파수꾼의 뇌 모드를 가진 여자들은 사소한 일도 꼬치꼬치 따지고 든다. 그래야 파수꾼 본래의 역할을 제대로 수행할 수 있기 때문이다.

이러한 뇌 모드 차이로 남녀 간에 매우 큰 충돌을 빚기도 한다. 남성적 뇌 모드가 강한 남자일수록 따지기 좋아하는 여자를 싫어하기 때문이다. 여자의 시시콜콜한 잔소리를 자신에 대한 모욕으로 받아들이기까지 한다.

셰익스피어의 희곡 《말괄량이 길들이기》에서 여주인공 케이트의 남편은 아내에게 이렇게 말한다. "남편이 낮에 달이 떴다고 말하면 하늘에 뜬 것은 해가 아니고 달이다." 이것은 남자가 자신의 여자에게 무엇을 원하는지 잘 보여주는 극단적인 예다. 시대착오적인 말이라고? 하지만 시대가 바뀌어도 남자들의 근본 속성은 같다.

최근 미국의 명문 대학교 경영대에서 교재로 널리 쓰이는 에세이 《새로워지는 직장, 남녀가 같이 일하는 직장을 슬기롭게 다스리는 제안》을 보면 남자들은 자신들이 철학, 수학, 정치 등 크고 이상적인 것에 대해 관심이 많다고 믿는다. 반면 여자들은 이미지, 정리, 위생 등 자잘한 것에 관심이 많다고 여긴다.

꼬치꼬치 따지는 여자들의 행동은 남자들이 보기에 성가시기만 하다. 여자들의 입장에서 정당한 시시비비가 남자들에겐 '사소한 걸 가지고 사람을 들볶는' 것으로 받아들여진다는 말이다.

"왜 그렇게 행동했어?"

"대체 왜 그러는지 이유 좀 알려줘."

모처럼 발견한 멋진 남자를 애인으로 발전시키려면 부디 이런 말을 삼가라.

03 – 마음에 둔 여자에게 접근할 때

"이 꽃, 받아주실 거죠?"

연애의 달인이라고 세계적으로 정평(?)이 난 프랑스 남자들은 작업의 첫 단계로 여자에게 꽃을 선물한다.

프랑스 영화 〈디스크레트(La Discrete)〉의 주인공은 유혹을 하나의 게임으로 본다. 그 주인공은 여자에게 작업할 때 꽃을 선물하며 이렇게 중얼거린다.

"꽃은 우리보다 훨씬 실용적인 종족이다. 그들에게 사랑이란 없다. 사랑을 표시하는 상징만이 존재한다. 따라서 이런 표시를 사용할 줄 모르는 남자는 불리한 입장에 서게 마련이며, 여성의 심리를 전혀 모르는 남자 취급을 받을 것이다."

여자의 파수꾼 뇌 모드는 침입자를 만나면 자동 탐색 과정을 거친

다. 남편 없는 동안 아무나 집에 들였다가 위험이 발생할 수 있다는 사실이 뇌에 강하게 입력되어 있기 때문이다. 여기서 만들어진 파수꾼 뇌 모드는 연애할 때도 낯선 남자를 선뜻 받아들이지 못하게 한다. 그 남자가 어떤 사람인지 심사숙고한 후에야 받아들인다. 그러므로 여자들의 파수꾼 뇌 모드를 이해하지 못하고 불쑥 사랑을 고백하면 오히려 역효과가 날 것이다.

여자에게 작업할 때는 일단 그녀가 경계심을 갖지 않도록 서서히 해야 한다. 사랑을 상징하는 선물을 통해 간접적으로 표현해보라. 처음에는 꽃 한 송이 정도를 선물하면 최상의 간접 표현으로 받아들여질 것이다.

당신이 남성이고, 마음에 드는 여성을 연인으로 만들고 싶다면 그녀에게 충분히 당신을 탐색할 시간을 주어라. 탐색의 시간에 아름다운 꽃 한 송이를 건네면서 이렇게 말해보라.

"꽃을 보니까 왠지 당신 생각이 나서 샀어요."

04 - 마음에 둔 남자에게 접근할 때

첫 사냥감이 되어라

취향은 조금씩 다르겠지만, 상당히 잘난 남자들도 고상하고 세련된 차림의 여자보다는 조금 촌스럽더라도 눈에 띄는 차림의 여자를 주목하는 경우가 많다.

사냥의 세계에선 처음 노린 사냥감을 놓치면 내내 실패하기 쉽다. 그래서 첫눈에 들어오는 사냥감에 집착한다. 여자들 눈에는 성격 나쁘고 머리도 비었으며, 옷차림만 요란한 여자에게 남자들이 몰리는 이유는 이 때문이다.

세계사 속의 연애 대가들은 첫 사냥감에 주목하는 남자들의 사냥꾼 뇌 모드를 꿰뚫고, 남자들의 첫눈에 포착되도록 화려한 옷차림을 했다. 그리고 적절한 타이밍에 그들 눈앞에 나타나는 행동을 연출했다. 아르헨티나의 퍼스트레이디였던 에바 페론은 국민 영웅 페론을 유혹할 때, 그가 반정부 시위로 투옥된 시간을 이용했다. 삼류 배우 시절이었지만 최고의 여배우 같은 화려한 옷차림으로 면회를 다니면서 그의 환상을 자극해 신분 차를 극복하고 결혼에 골인했다.

클레오파트라 역시 훌륭한 본보기다. 그녀는 로마의 정복자 율리우스 카이사르를 자신의 남자로 만들고 그의 힘을 빌려 빼앗겼던 왕좌도 되찾았는데, 사실 영화에 등장하는 모습 같은 미인은 아니었으며 뚱뚱했다는 기록이 남아 있다. 그런데도 로마 사람들이 본 적 없는 그물 스타킹에 속이 훤히 비치는 옷차림으로 전쟁터에서 막 돌아온 율리우스 카이사르 앞에 나타나 그의 눈을 확실히 붙잡았다.

남자의 사냥꾼 뇌 모드를 이해 못하면 아름답고 멋진 여자도 남자의 사냥감으로 포착되지 못해 쓸쓸한 싱글로 일생을 마치기 쉽다. 또한 자신이 사냥당하는 것을 치욕으로 여기는 사냥꾼의 속성을 이해하지 못해도 멋진 남자를 연인으로 발전시키지 못하고 남자 혐오증이나 드러내며 외롭게 살게 된다. 그것을 원하지 않는다면 '사냥하는 사람은 나'여야 한다고 남자들이 믿는다는 사실에 주목하라.

남자는 여자가 너무 적극적으로 접근하면 불쾌감을 느낀다. 자신이 여자에게 사냥당한다고 여기기 때문이다. 그러므로 좋은 남자를 내 남자로 만들려면 당신이 다가서지 말고, 남자가 당신을 적당한 사냥감으로 포착하도록 연출하라. 단, 연출한 흔적은 남자 눈에 드러나

지 않게 하라. 그리고 자연스럽게 이런 대화를 곁들여보라.
"이것 좀 도와주시겠어요?"
"성격이 참 좋으신 것 같아요."

05 – 남자와 밀고 당기기를 할 때

"오늘은 좀 그렇고, 다음에 봐요."

당신이 사냥꾼이라고 생각해보자. 순순히 '날 잡아 잡수쇼' 하고 잡히는 사냥감과 잡힐 듯 말 듯 애태우다가 잡힌 사냥감 중 어느 쪽에 더 마음이 가겠는가? 당연히 애를 태운 사냥감 쪽일 것이다.

남자들이 쉽게 넘어오는 여자보다 튕기는 여자에게 더 매력을 느끼는 것은 바로 이런 사냥꾼 심리가 원인이다. 인간성 좋고 참한 여자들이 오히려 연애를 못하는 이유도 바로 이런 남자의 뇌 모드를 몰라 밀고 당기기를 못하기 때문이다.

찍은 남자가 다가오면 한 번쯤은 튕겨야 내 남자로 만들 수 있다. 그러나 사냥꾼은 지구력에 한계가 있다. 사냥을 하고 나면 다음 사냥을 위해 쉬어야 한다. 당신이 너무 튕기면 사랑의 사냥감을 포기해버릴 수 있으니 주의하라.

평소에는 "당신이 최고예요." "이번에 정말 고생하셨어요." 하면서 긴장을 풀어주다가 정작 그 남자가 차나 한잔 하자며 다가오면 "오늘은 좀 그렇고, 다음에 봐요." 하며 가볍게 튕기는 정도가 좋다. 남자가 당신에게 다가오기도 전에 혼자 튕기면 그 남자는 아예 다가올 생각조차 못할 수 있으니 주의하라.

그러므로 애인으로 만들고 싶은 남성이 있으면 잘해주면서 당신에게 다가올 여지를 충분히 만들어두고 적절한 밀고 당기기로 남자의 마음을 달아오르게 만들어라.

"시간 있으세요?"라는 질문에 "어쩌죠? 오늘만 시간이 없는데." 정도로 가볍게 튕기는 것만으로도 큰 효과를 거둘 것이다.

06 - 여자와 밀고 당기기를 할 때

"당신을 지켜드리고 싶습니다."

    남자들은 여자들이 수동적이어서 지루해도 잘 참을 것으로 착각한다. 그러나 영화나 문학 속의 숱한 불륜 여성들을 보라. 생활의 권태를 이기지 못해, 들통나면 겪게 될 수모에도 불구하고 연애를 택하지 않는가. 이처럼 여자들의 파수꾼 뇌 모드는 본능적으로 지루함을 못 견딘다.

    파수꾼은 공격 대상을 선택할 수 없다. 수동적인 입장인 것이다. 그래서 항상 긴장을 늦출 수 없다. 긴장을 늦출 수 없는 생활에 의해 만들어진 여자들의 파수꾼 뇌 모드는 긴장 없는 생활은 지루해서 못 참는다. 뇌가 '긴장 없이 지루한 것을 참느니 차라리 상처받는 게 낫겠어.'라고 생각하게 하는 것이다. 남자 개그맨들의 부인

중 미인이 많지 않던가? 그들이 여자들의 지루함을 달래줄 수 있기 때문이다.

그러나 여자들은 자신의 감정을 숨기지 않으면 안 된다는 학습을 받아왔다. 사냥꾼 남자의 감정을 상하게 해서 사냥에 실패하면, 결과적으로 자신에게도 고통이 따라오는 생활 방식 때문에 지루함을 못 참는 본능을 숨기고 조신한 태도를 보여야 했다. 그래서 여자들의 파수꾼 뇌 모드는 최대한 감정을 숨기고, 숨겨둔 감정을 터뜨릴 수 있는 안전한 방법을 모색해야 했다. 가장 안전한 방법이 적당한 남자가 자신의 숨겨둔 감정을 터뜨려주는 것이었다.

내성적인 여자일수록 감정 숨기기에 연연해 내면에 화와 분노가 많이 쌓여 있다. 이것을 터뜨리지 못하면 암, 심장병 등으로 목숨을 위협받을 수 있기 때문에 자연스럽게 자신의 숨은 감정을 대신 터뜨려줄 터프한 남자에게 끌린다.

당신이 찍은 여자가 고상하고 내성적인 성격일수록 터프한 모습을 보여주어라. 그렇다고 난폭한 남자가 돼라는 말은 아니다. 여자들은 남자가 사냥 나간 다음 이웃의 여자들끼리 연대해서 침입자를 막아야 하는 파수꾼의 뇌 모드가 굳어져 남의 눈을 크게 의식한다. 그래서 남자가 주변 사람들의 눈에 거슬릴 만큼 터프한 태도를 보이면 도망가고 싶어한다. 그러므로 여자를 적극적이고 강하게 리드할 수 있는 터프한 모습은 그녀 앞에서만 보이는 것이 좋다.

단둘이 있을 때는 그녀를 주도하는 강한 모습을 보여라. 특히 그녀에게 좋지 않은 일이 생겼을 때 든든한 보호자 역할을 하면서 "너를 지켜줄게." "평생 당신의 보호자가 되고 싶습니다."라고 말해보라.

평소 강해 보이는 여자도 안전하게 보호받고 싶은 파수꾼의 뇌 모드를 가지고 있다. 그녀의 강함에 주저하지 않고 터프하게 공략해 그녀의 지루함을 해결해주면 거기서 상황이 끝난다.

07 - 사랑하는 그녀와 진도를 나가고 싶다면

극적으로 과거를 고백하라

 그녀와의 만남이 끈끈해지지 않고 겉도는 것 같은가? 그래서 진지한 관계로 '진도'를 나가고 싶은가? 그렇다면 그녀에게 당신의 숨겨진 아픔을 고백해보라. 그녀의 마음이 밀물처럼 달려올 것이다.
 남자의 사냥꾼 뇌 모드는 어떤 사건을 연속 동작 형태로 저장한다. 사냥을 시작해서 끝낼 때까지의 연속적 진행 과정을 다 알아야 사냥에 성공할 수 있기 때문이다.
 반면 여자의 파수꾼 뇌 모드는 사진첩에 정리된 사진처럼 중요한 순간만 편집해서 기억한다. 어디서 나타날지 모르는 적을 막아내기 위해 과거에 침략받은 중요 순간들만 저장했다가 급히 사용해야 하기 때문이다. 그래서 남자는 인생을 장편 소설처럼 긴 스토리로 기억하고, 여자는 토막토막 잘라 사소한 일들은 생략하고 드라마틱한 몇 장면만 기억한다.

그러므로 여자를 공략하려면 그녀의 머릿속에 사진으로 남을 순간을 만들어라. 이벤트와 깜짝 선물, 갑작스런 슬픈 고백 등은 여자의 기억 사진이 될 것이다.

여자에게 당신의 존재를 더 확실하게 각인시키고 싶은가? 그렇다면 당신의 비밀을 고백하라. 비밀은 고통스러운 상처에 관한 것일수록 더 좋다. 여자의 파수꾼 뇌 모드에는 출산과 양육 경험도 입력되어 있다. 그래서 여자는 어머니처럼 남자의 고통을 위로해야 할 것 같은 의무감을 느낀다.

물론 사진 찍을 때 배경을 중요시하듯 고백할 때도 분위기를 잘 선택해야 한다. 시끄럽거나 복잡한 곳이 아닌, 조용하고 조명이 멋진 장소라면 좋다. 그곳에서 눈물을 글썽이며 당신만의 아픈 비밀을 고백하면, 그녀는 당신을 보호하고 싶은 열망이 일어 기대 이상으로 가까이 다가올 것이다. 그리고 그때의 장면은 오래도록 아름다운 사진으로 남을 것이다.

08 - 사랑하는 그와 진도를 나가고 싶다면

애매한 태도로 달아오르게 하라

드라마를 보면 별 매력 없는 여주인공이 여러 남자로부터 사랑받는 모습이 자주 나온다. 그들이 여러 남자의 사랑을 독차지하는 이유는 애정 문제에 관한 한 하나같이 우유부단해서다. 이 남자가 고백을 하거나 저 남자가 친절을 베풀면 모두 거절하지 않고, 그렇다고 받아들이지도 않으면서 애매한 태도를 취하는 것이 그녀들의 노하우다. 똑 부러지는 여자 입장에서 보면, 그녀들이 똑 부러지게 처신하지 못해 화가 나기도 한다.

그러나 남자들은 이런 모호한 태도의 여자를 좋아한다. 사냥꾼의 세계에서는 희귀한 짐승을 잡아야 영웅이 된다. 색다른 사냥감, 어쩐지 신비로운 사냥감은 용기 있는 사냥꾼만이 차지한다는 믿음 때문

이다. 이러한 사냥꾼의 생리로 인해 남자들은 뻔한 일보다는 애매한 일에 마음이 더 잘 끌린다. 똑똑하고 잘난 여자들에게 애인이 잘 안 생기는 이유는 바로 이러한 남자들의 뇌 모드 때문이다. 남자들은 너무 똑 부러지게 말해 신비감이 없는 여자에게는 매력을 별로 못 느낀다.

외모나 성격에서 별다른 매력이 없는 듯한데 남자들이 따르는 여자를 관찰해보라. 항상 모호한 태도와 말로 남자들에게 신비감을 유발할 것이다. 한 사람 이상의 남자를 곁에 두고서, 자신에게 관심을 보이는 남자들의 경쟁심을 부추기기까지 한다. 한 남자와 사귀기로 한 다음에도 다른 남자에게도 친절하게 굴어, 여러 남자들이 '그 여자가 나를 좋아한다.'는 오해를 하게 만드는 것이다.

평범한 여자들 입장에서 여간 얄밉지(!) 않을 수 없다. 하지만 연애 문제에선 당신보다 그 여자의 단수가 높다는 것을 받아들여라. 그리고 그녀처럼 마음에 두고 있는 '그'와의 관계를 한 단계 발전시키려면, 당신의 모든 것을 보여주지 마라. "글쎄요……." "생각해볼게요." 정도의 모호한 태도로 당신의 신비로움을 강조해야 그가 끌려올 것이다.

09 - 그녀가 거절했으나 포기할 수 없을 때

쿨하게 돌아서서 그녀 주변 여자를 공략하라

만약 당신이 좋아하는 여자에게 사랑 고백을 했다가 거절당했다면 어떻게 할 것인가? "내겐 오로지 당신밖에 없어요."라며 '열 번 찍어 안 넘어가는 나무 없다'는 속담만 믿고 매달릴 것인가?

여자에게 거절당했지만 포기할 수 없다면, 감정을 누르고 이성적인 전략을 짜야 당신의 뜻을 이룰 수 있다.

여자의 뇌 모드에는 좋은 유전자를 가진 남성을 고르는 본능이 입력되어 있다. 여자들이 바람둥이인 줄 뻔히 알면서도 남자 눈에는 건들거리는 날라리 주변으로 몰려드는 것은 그 때문이다.

남자인 당신이 여자의 이런 뇌 모드를 이용하면 그녀에게 거절당하지 않을 수 있다. 방법은 간단하다. 다른 여자들에게도 인기가 있는 남자인 것처럼 행동하라. 그러면 한 번 거절한 그녀를 내 여자로 만들 수 있다. 당신은 그녀의 거절에 매달리지 말고 쿨하게 돌아선 다음, 포기하지 말고 그녀의 여동생이나 여자친구 같은 주변의 여자들에게 접근해 호감을 사라. 그렇게 해서 여자들에게 인기 있는 남자로 보이면 된다.

작가 스탕달은 "호감을 갖고 있는 여자의 반응이 시원치 않으면 의도적으로 그녀의 언니나 동생에게 관심을 보이라."고 조언한다. 당신을 거절한 여자의 주변에 존재하는 다른 여자들을 통해 '나도 여자들에게 인기 있는 괜찮은 남자' 임을 증명해 보이라는 뜻이다.

하지만 그녀 주변의 여자들을 만나 "나는 그녀를 사랑하니 제발 나에 대해 좋은 이야기 좀 해주세요."라며 구걸을 하거나, 또 그 주변의 여성들을 유혹해 나쁜 평판을 얻으려면 이 일은 아예 시도조차 하지 않는 것이 좋다.

당신이 진심으로 거절한 그녀를 내 여자로 만들고 싶다면, 쿨하게 "그냥 친구로 지내도 좋아요."라고 말하고 떠난 후 그녀 주변의 여자를 찾아가라. 당신이 거절한 그녀의 주변 여자들에게, 그녀에게 보였던 따스한 마음과 친절의 절반만 베풀어도 그 여자들은 거절한 그녀에게 달려가 "얘, 그 남자 알고보니 괜찮더라. 그런 남자 놓치면 너, 평생 후회한다."라고 말할 것이다.

남편이 없는 동안 여자들끼리 연대해 적을 쫓아온 파수꾼의 뇌 모드인 그녀는 주변 여성들의 조언을 쉽게 받아들인다. 주변 여성들의 조언은 당신을 '생각보다 인기가 있는 괜찮은 남자'로 인식시킬 것이다.

그러니 거절당했다고 해서 구질구질하게 징징거리지 말고 일단 쿨하게 물러서라. 그리고 그녀의 주변 여자들이 알아서 당신을 칭찬하도록 유도하라.

당신은 특별한 / 색다른 느낌을 주는 사람이에요.

남자들은 이 말을 자신이 남보다 뛰어나다는 말로 알아듣는다. 이런 표현은 남자들의 '골목대장 콤플렉스'를 어루만져주는 말이다. 이런 칭찬을 들은 그는 당신에게 더욱 특별한 남자가 되고 싶어할 것이다.

능력이 정말 대단하세요.

능력에 따라 서열이 정해지는 사냥꾼의 세계. 남자들은 남에게 인정받을수록 자신의 서열이 높아진다는 의식을 가지고 있다. 그래서 남자들은 자기를 사랑하는 여자보다 자기를 인정해주는 여자에게 더 끌린다. 그에게 작업 걸 때는 그의 능력을 최대한 추켜세워라.

당신처럼 능력 있는 사람을 몰라보는 그 사람들이 잘못이에요.

그가 진급이나 경쟁에서 탈락해 침울해할 때 위로가 되는 말이다. 그의 자존심을 살리고 기를 높여주는 이 표현은, 그가 당신을 '믿을 만한 여자'로 보게 만든다.

당신은 무엇을 해도 잘할 것 같아요.

남자의 능력을 의심하지 않고 무조건 인정한다는 말이다. 이런 믿음을 보내는 당신을 사랑하지 않을 수 없을 것이다.

당신은 요즘 남자들 같지 않게 믿음직스러워요.

사냥꾼은 힘들여 잡아온 사냥감으로 여자를 만족시켜야 한다고 믿는다. 그래서 자신의 사냥감이 빈약하더라도 탓하지 않고 받아들여주는 여자에게 끌린다. 이 표현은 그의 능력 부족 콤플렉스를 풀어준다.

당신을 알고 있다는 것이 자랑스러워요.

남자의 인생에서 가장 중요한 목표는 높은 서열을 차지하는 것이다. 진급을 위해, 보다 높은 자리를 위해 물불을 가리지 않는 남자들을 보라. 이 표현은 그에게 서열 등급이 상승된 기분을 갖게 해준다. 아끼지 않고 표현하면 아주 쉽게 그 남자를 사로잡을 수 있다.

당신처럼 대화가 잘 통하는 남자는 처음이에요.

여자만 이성과의 대화를 중요시하는 것이 아니다. 남자 역시 여성과의 대화를 중요시한다. 이 말은 그에게 가장 어려운 일을 해결했다는 성취감을 안겨준다. 당신의 이 말은 남자에게 '당신을 믿고 의지할 준비가 되어 있다'는 말로 들린다.

어떻게 그렇게 여자 마음을 잘 알아요?

남자들 스스로도 '남자는 여자를 이해하지 못한다'는 사실을 잘 안다. 그리고 여자를 이해 못하는 남자를 싫어한다는 사실도 잘 알고 있다. 따라서 여자 마음을 잘 안다는 칭찬은 그가 어려운 숙제를 푼 것 같은 기분을 느끼게 해준다.

당신 같은 애인이 있으면 무엇이든 다 털어놓을 수 있을 것 같아요.

이 말은 남자의 자존심을 살려준다. 당신이 그의 서열 아래로 자진해서 들어가 주겠다는 말로 해석할 것이기 때문이다.

같이 있으면 시간 가는 줄 모르겠어요.

남자들도 여자들이 지루함을 못 견딘다는 사실을 어렴풋이 알고 있다. 그래서 '여자들이 나를 지루한 남자라고 생각하면 어쩌나' 하는 두려움이 숨어 있다. 당신의 이 말은 그의 두려움을 편안한 안도로 바꾸어놓을 것이다.

"그녀에게"
언제나 효과적인 작업용 대사 목록

눈이 참 특이하게 생겨서 보기 좋아요.
여자들은 남자가 자신의 외모를 어떻게 평가하는지 매우 중요하게 생각한다. 그 중에서도 눈에 대한 평가에는 그녀의 신경이 집중된다. 이 표현은 그녀의 외모를 높이 평가한다는 의미와 함께 당신이 그녀를 세심하게 관찰하고 있다는 표현이 된다.

우리 어머니랑 코가 참 많이 닮았어요.
이 표현은 다른 부분에 비해 코에 자신이 없는 여자들의 자존심을 세워준다. 만약 그녀의 코가 좀 낮은 듯하면 이 말을 해보라. 여자들은 남자들이 어머니와 닮은 여자에게 끌린다는 사실을 안다. 따라서 이 말은 그녀의 외모 콤플렉스를 어루만져주면서 은근히 그녀가 당신의 이상형임을 밝히는 효과가 있다.

언제나 좋은 냄새가 나요.
사냥꾼인 남자들은 후각에 민감하다. 여자들 역시 이 사실을 알고 있다. 당신이 그녀에게 이런 칭찬을 해준다면, 그녀는 자신이 남자의 후각을 행복하게 해주었다는 만족감으로 당신에 대한 무장을 해제할 것이다.

실제 나이보다 훨씬 어린 줄 알았어요.
여자들은 남자들이 자신의 후손을 잘 양육할 수 있는 건강하고 젊은 여자에게 끌리는 사실을 잘 안다. 그래서 여자들은 남자에게 어리게 보이고 싶어한다. 당신의 이 말은 그녀에게 '당신은 내 후손을 낳아 키우기에 손색이 없다.' 라는 말로 해석된다.

당신은 내 이상형입니다.
현실에서 이상형을 발견하기란 거의 불가능하다. 모든 사람이 이 사실을 알고 있지만, 이상형에 집착한다. 당신의 이 말은 그녀가 '이 세상에 존재하기 어려운, 한 남자의 이상형'이 될 수 있음을 인정해주는 표현이다. 당연히 그녀의 환상을 충족시킨다.

어디서 많이 본 것처럼 낯설지가 않아요.

사람은 익숙한 것에 친근감을 느낀다. 이 말은 그녀가 당신에게 친근하게 느껴진다는 표현으로, 그녀의 경계심을 늦추게 한다.

당신처럼 예쁜 여자는 찾기 어려워요.

여자들이 백만 번 들어도 기분 좋은 말 가운데 하나가 '예쁘다'는 말이다. 대놓고 예쁘다고 말하는 것만큼 여자 마음을 뛰게 하는 것은 없다. 여자는 만인에게 예쁘게 보이는 것을 원하지 않는다. 한 남자에게 예쁘게 보이고 싶어한다. 그리고 자신을 예쁘게 봐주는 남자에게 인생을 건다. 그녀의 외모가 칭찬할 만하지 못하더라도 이 말을 자주 사용해보라. 작업의 효과를 배가시켜줄 것이다.

당신은 은근히 섹시해요.

초등학생들도 섹시해 보이고 싶어하는 세상이다. 여자에게 섹시하다는 평가는 '종족을 잘 번식시킬 수 있는 여자'의 다른 표현이다. 그렇다고 무턱대고 섹시하다고 말하면 민망해할 수 있으니, 이 표현은 상황과 분위기에 따라 적절하게 사용하라.

당신은 너무 속이 깊어 마음을 털어놓을 사람이 없는 것 같아서 안타까워요.

사람은 고민을 나눌 다른 사람을 필요로 한다. 자신의 고민을 이해해주고 함께 나누려는 사람에겐 그 무엇도 아깝지 않다고 여긴다. 당신도 그녀에게 그런 사람이 되고 싶지 않은가? 그렇다면 이 표현으로 그녀가 당신에게 의지해오도록 이끌어보라. 아주 쉽게 끌려올 것이다.

2
연애 중에

사랑을 하면 눈이 먼다는 말은 진리다. 연애 초기에는 남녀 모두 성 호르몬 분비가 왕성해져 오로지 이성에게만 생각을 집중하게 되어 있기 때문이다. 그래서 연애 중에는 내가 사랑하는 사람이 곧 왕자고 공주며, 서로를 독점하는 것이 정당하다고 믿는다.

문제는 두 사람이 똑같은 시기에 눈이 멀어도 다시 눈을 뜨는 시기가 다르다는 사실이다. 호르몬 작용 기간이 달라 어느 순간 둘 가운데 한 사람이 먼저 현실 세계로 돌아오게 되어 있다. 이것이 연애를 깨거나 지속시키는 열쇠가 된다.

연애는 누구에게나 인생이 걸린 프로젝트다. 깨지면 어느 쪽에나 상처를 남긴다. 따라서 일단 연애를 시작하면 가급적 깨지지 않도록 조심하는 것이 좋다. 부득이 깨지더라도 최소한 서로에게 후유증은 남기지 않도록 조심해야 한다.

서로의 장점만 보이던 연애 초기가 지나 슬슬 상대방의 문제점이 보일 때, 이때가 호르몬 불균형이 시작되는 시점이다. 이 순간을 지혜롭게 넘기기 위해선 상대방의 뇌 모드에 맞춰 말해야 한다.

지금부터 연애 중 상대의 뇌 모드에 맞는 대화법을 탐색해보자.

10 - 결혼을 미루는 그에게

"우리 그만 헤어지자."

오랜 기간 당신과 연애한 애인이 사랑한다고 말하면서도 나오면 이 핑계 저 핑계를 대면서 결혼을 미루는가? 그렇다면 지금의 연애 관계를 끝내거나 진전시켜야 한다.

흔히 사람들은 여자를 계산적인 동물이라고 한다. 하지만 정말로 계산을 잘하는 쪽은 남자다. 사냥이 주업인 사냥꾼에게는 언제 어느 지점에서 목표를 공격해야 할지, 겨누는 무기의 각도와 방향은 어떠해야 할지 한 번에 계산하는 능력이 요구된다. 그래서 남자들은 공간 지각력이나 수학 능력이 여자들보다 나은 뇌 모드를 갖게 되었다.

물론 파수꾼인 여자도 남자가 잡아온 사냥감으로 언제까지 버텨야 하는지 계산해야 한다. 하지만 계산에 실패하면 목숨까지 위협받는 사냥꾼에 비해, 파수꾼의 계산은 다소 느슨해도 된다. 남자들의 계산 능력이 여자들보다 더 뛰어날 수밖에 없다.

남자들의 이런 특성을 감안해볼 때, 충분한 연애 기간을 가진 그가 당신을 사랑한다면서도 결혼을 미룬다면, 그는 당신과의 결혼에 따른 손익 계산을 끝내지 못한 상태라고 봐도 된다. 당신은 그런 계산을 눈치 채지 못하고 '이 남자와 헤어져야 하나, 말아야 하나.' 하는 생각을 수없이 반복할지도 모른다. 헤어지자니 그동안의 정 때문에 가슴 아프고, 만남을 이어가자니 언제 어떻게 될지 몰라 불안할 수 있다.

이런 갈등은 가능한 한 빨리 매듭을 짓는 편이 좋다. 그러는 것이 고통에서 벗어나는 길이다.

만약 이 같은 상황이라면 당신이 먼저 그에게 "우리, 이제 그만 헤어지자."라고 말하라. 남자가 얼씨구나 좋다, 하고 헤어지자고 맞장구칠까봐 불안하다고? 하지만 냉정하게, 만약 그가 당신과 결혼하면 자신에게 손해라는 결론을 내렸다고 가정해보라. 그는 단지 '그래도 애인이 없는 것보단 있는 편이 낫다'고 생각할지 모른다. 고작 그 정도의 무게로 당신을 만나고 있는지 모른다.

그런 만남의 끝이 어떨지 상상해보라. 그 남자가 당신과의 결혼에 대한 손익 계산을 끝내고도 미적거리는 상태에 있다면 당신의 이별 선언에 "그래? 네 생각이 그렇다면 할 수 없지. 나보다 좋은 남자 만나서 행복하게 살길 바래." 하면서 돌아서 가벼운 미소를 지을 것이다. 그것이 속상하다 해서 뻔한 결과를 외면하고 그 남자와 데이트하면서 자신을 초라하게 만들지 마라. 이 남자에게 질질 끌려다니다 보면 언젠가는 낭패를 당한다. 다른 여자와의 결혼을 알리는 그의 청첩장을 받아들고 벌벌 떨며 서 있는 신세로 전락할 수도 있다.

이번에는 그가 결혼에 대한 손익 계산을 분명하게 끝내지 못했다고 가정해보자. 이럴 경우엔 당신의 선제 공격은 오히려 남자를 자극해 결혼을 앞당길 수 있다. 원래 놓친 물고기가 더 커 보이고, 놓친 나비가 더 아름다워 보이는 법. 남자는 당신의 갑작스런 이별 선언에 자극을 받아 "그러지 말고 내년 봄까지만 기다려주면 좋겠어."라며 구체적인 대안을 제시해올지도 모른다.

어느 쪽이건 분명하게 매듭을 짓는 것이 좋다. 지금처럼 그 남자에게 질질 끌려다니면서 젊음을 낭비하는 것보다는 낫지 않은가?

11 - 전화 약속을 어기는 그에게

침묵의 메시지를 견디게 하라

휴대 전화가 없던 시절, 연인들은 대체 무슨 일 때문에 싸웠을까 싶다. 요즘 휴대 전화가 사단이 되어 다투는 연인들이 너무나 많기 때문이다.

전화로 인한 싸움 중 제일 흔한 유형은 "왜 전화를 안 받아?"인 것 같다. 목소리라도 듣고 싶어 전화를 걸었는데 연인이 "지금 회의 중이니까 이따가 전화할게." "나중에 전화해줄게."라고 말해놓고선 전화를 안 해주는 경우나, 평소 멀쩡히 잘 받던 전화의 전원이 특별한 이유 없이 꺼져 있을 때 여자인 당신은 불행한 상황들이 연상되면서 가슴이 탈 것이다.

사랑하는 사람의 전화를 기다리는 것만큼 속 타고 가슴 답답한 일도 없다. 연애를 해본 사람은 누구나 이 말에 동의할 것이다. 그런데 그런 심정을 잘 알고 있을 그 남자가 당신과의 전화 약속을 잊거나 전화 전원을 계속 꺼둔다면? 당신은 믿고 싶지 않겠지만, 그럴 때는 그의 마음에 이미 변심을 알리는 신호등이 켜졌음을 받아들여라.

연애는 본질적으로 동물적인 짝짓기 과정이다. 연애 중인 사람들은 짝짓기에 필요한 호르몬의 왕성한 분비로 환각 상태에 놓이게 되고, 그 환각으로 인해 상대편에게 집착하게 된다. 사랑에 빠진 연인들이 남의 눈을 의식하지 않고 늘 붙어다니는 모습을 보라. 당신에게 빠져 있는 그라면 어떤 상황에 처하건 문자 메시지 정도는 보내는 것이 정상이다.

호르몬 작용이 느슨해지고 연애라는 환각이 끝난 경우라면 전화 약속을 잊을 수 있다. 당신은 그의 전화를 기다리며 아무 일도 못하는데, 그는 당신과의 전화 약속을 어긴다? 그렇다면 당신은 아직 호르몬에 취해 있는 상태고, 그는 그 환각에서 깨어난 상태일 가능성이 크다. 이 상황을 슬기롭게 극복해야 연애에서 실패하지 않는다.

그가 전화하겠다는 약속을 지키지 않으면 당신도 거기에 대응하라. 아예 대화를 끊어버려야 한다. 만약 당신 남자가 여전히 당신을 사랑하면서 정말로 전화 한 통 할 수 없을 만큼 바쁜 사정에 전화 약속을 어겼다면 침묵하는 당신에게 불안을 느껴 "미안해. 앞으론 꼭 전화할게."라고 먼저 사과해올 것이다.

만약 그가 당신을 향한 호르몬 분비가 이미 멈췄고, 다른 여자에게로 그 관심이 옮겨진 상태라면? 왜 전화하지 않았느냐고 아무리 따져 물어도 그의 마음은 당신에게로 돌아오지 않을 것이다. 그에게 '잔소리 많은 시끄러운 여자'라는 인상이나 남길 뿐이다. 그러니 애인이 아무리 사랑스러워도 "오죽 바쁘면 전화를 못했겠어. 내가 다시 전화를 해볼까?" 하면서 그를 감싸지 말고 냉정하게 현실을 받아들여 둘의 관계를 체크해보라.

12 – 잘해주어도 달아나려고 하는 그에게

"됐거든?"

사람은 참 이상한 동물이다. 잘해주면 더 좋아하는 것이 아니라 귀찮아한다. 텔레비전 드라마를 보라. 복잡한 갈등을 만들며 괴롭히는 남녀 주인공들은 원하던 사랑을 이루지만, 좋아하는 사람을 멀리서 바라만 보며 소리 없이 돕는 수호천사들은 평생 '천사'로 남는다.

남자나 여자 모두 사랑에서는 '긴장'을 즐긴다. 남자의 사냥꾼 뇌 모드는 언제 어디서 맹수가 나타나 생명을 위협받을지 모르는 생활에 익숙해져 있다. 여자의 파수꾼 뇌 모드 역시 불시에 나타날 적을 대비하는 긴장에 단련되어 있다. 그래서 남녀 모두 자신에게 너무 잘해주는 애인보다는 못되게 구는 애인에게 더 끌린다.

연애는 미지의 땅을 탐험하는 모험과 같다. 전혀 모르던 사람을 알

아가면서 느끼는 긴장과 놀라움이 연애의 매력인 것이다. 따라서 연애를 잘하려면 상대에게 실망과 놀라움, 기대를 번갈아 느끼게 해주면서 긴장시켜야 한다.

당신이 너무 잘해주는데 연인이 달아나려고 하는가? 그렇다면 그 또는 그녀의 수호천사 노릇을 그만두어라. 그녀에게 사흘이 멀다 하고 꽃을 보냈다면 당장 꽃 배달을 중단하라. 그녀는 예기치 않은 당신의 행동에 궁금증이 생길 것이고, 결과적으로 당신의 존재를 재평가할 것이다.

만약 사랑하는 그에게 날마다 전화했던 당신이라면, 갑자기 연락을 끊고 '잠수'를 타보아라. 당신 쪽에서 대화를 단절하면, 상대방은 그 공백이 주는 메시지가 궁금해 안달이 날 것이다.

연인에게 당신의 변화무쌍한 태도의 '수순을 읽힐' 필요는 없다. 뭐든지 잘해주면서 상대에게 맞춰준다면 연인은 당신을 항상 그곳에 있는 물건 정도로 인식하고, 당신의 매력을 잊어버리기 쉽다.

저쪽에서 당신이 "물론이야."라고 말할 것이라고 믿는 순간 이렇게 말해보라.

"됐거든?"

13 – 그녀가 갑자기 화를 낼 때

"미안해."

"그녀가 왜 화를 내는지 도무지 그 이유를 모르겠어."

이렇게 말하는 남자들이 아주 많다. 남자들은 자기가 생각할 때는 별일 아닌 것 같은데, 그녀가 화를 내고 울기까지 한다면 당황한다. 그뿐만 아니다. 그녀가 갑자기 지나간 일까지 시시콜콜 끄집어내면서 화를 내는 바람에 어쩔 줄 몰라 쩔쩔맨 적이 있다고 툴툴거리는 남자들도 많다. 여자들은 화가 나면 그때 그때 말을 하지 않고, 왜 뒤늦게 다 지난 일을 끄집어내 사람을 들볶는 것일까?

사냥꾼은 사냥하는 순간, 머릿속에서 과거를 완전히 지운다. 사냥이 살아 있는 것의 목숨을 빼앗는 잔인한 일이기에 지우지 않으면 마음이 불편해서 다음 사냥을 잘할 수 없기 때문이다. 반면 파수꾼은

사소한 일도 잘게 쪼개 편집해 머릿속에 잘 저장해두었다가 언제든지 꺼내 쓸 수 있는 기억력을 지녔다. 적이 다시 나타나면 그 기억을 이용해서 퇴치해야 하기 때문이다.

또, 여자들은 사냥 나가기 전에 남자들의 심기를 상하게 하면 사냥에 실패할 가능성이 크기 때문에, 자기 기분을 억제하는 학습으로 뇌 모드가 굳어졌다. 현대의 아내들도 설혹 남편에게 화나는 일이 있더라도 남편의 출근 전에는 어지간하면 꾹 참고 말을 꺼내지 않는데, 이런 것이 바로 파수꾼의 뇌 모드에서 온 사고방식의 한 단면이다. 그뿐 아니라 남자가 사냥을 나간 동안 적이 나타나면 이웃과 연대해서 무찔러야 하는 파수꾼의 특성 탓에 여자들은 남자들에 비해 타인의 시선을 더 많이 의식한다.

이런 생활 패턴 때문에, 여자의 파수꾼 뇌 모드는 화가 나더라도 일단 참았다가 안전할 때 몰아서 한꺼번에 터뜨리는 시스템을 갖추었다. 반면 남자는 과거의 잘못과 기분 같은 것은 다 잊는다. 그러니 만약 당신이 별로 잘못하지도 않았는데 그녀가 갑자기 화를 낸다면, 그것은 그녀가 그동안 당신에게 가지고 있던 화를 참았다가 한꺼번에 표현하는 것이라고 받아들여라. "왜 그래? 별것 아닌 걸 가지고 왜 야단이야?"라고 말하는 것은 그녀의 화에 기름을 부을 뿐이다.

《뉴욕 타임스》 선정 베스트셀러인 《여자 아이들의 폭력》은 여학생들이 얼마나 간접적으로 자기의 화를 해결하는지 설명하고 있다. 남학생들은 화가 나면 상대방과 치고받으면서 해결한다. 반면 여학생들은 자기를 화나게 한 사람에 대해 나쁜 소문을 퍼뜨리거나 상대가 숨기고 싶어하는 개인적인 이야기를 찾아내 사람들의 웃음거리로 만든다고 설명한다. 외모 콤플렉스가 심한 사람의 외모를 놀림거리로 만드는 잔인한 행동도 서슴지 않는다. 그래서 주먹다짐으로 갈등을 푸는 남자들끼리는 싸우고 난 후 금세 화해할 수 있지만, 여자들끼리 또는 남녀 간에는 화를 낸 후에는 서로 관계를 회복하기 어렵다는 것이 이 책의 결론이다.

그녀가 당신에게 갑자기 화를 낸다. 화가 나더라도 입을 다물고 있어라. 그리고 그동안 그녀가 당신에게 자신이 화가 나 있다는 신호를 간접적으로 보냈는데 당신이 눈치를 채지 못한 것은 아닌지, 당신이 그녀의 신경을 건드리는 어떤 행동 패턴을 가지고 있거나, 그녀가 원하는 애정 표현 요구를 알아차리지 못한 것은 아닌지 생각해보라.

당신은 지나간 것을 잘 잊는 사냥꾼 뇌 모드를 가져 별다른 잘못을 발견하지 못할 수 있지만 그녀는 낱낱이 기억하고 있을 것이다. 그러니 그녀가 당신에게 지나칠 정도로 화를 내더라도 같이 화내지 말고 무조건 "미안해."라고 말하라. 그녀가 진정되면 그때 "나한테 그렇게 화가 많이 났어? 화난 이유를 자세히 설명해주면 내가 고칠게."라고 차분하게 말해도 늦지 않다. 화가 가라앉은 그녀는 이성적으로 당신에게 화가 난 진짜 이유를 밝힐 것이다.

14 - 그가 다른 여자에게 눈길을 줄 때

"저 여자 참 멋있지?"

당신이 곁에 있는데도 다른 여자를 바라보는 그. 화가 불길처럼 치솟겠지만 그를 비난하지 말고 조용히 입술을 깨물어라.

남자들은 가능한 한 많은 유전자를 널리 퍼뜨려야 할 의무를 가지고 있다. 그래서 본능적으로 애인 몰래 다른 여자를 보는 것이다. 하지만 남자들 역시 애인을 두고 다른 여자를 쳐다보는 건 옳지 않다는 사실을 알고 있다. 그렇기는 해도 남자는 자기가 뻔히 잘못한 줄 알면서도 타인의 직접적인 비난을 들으면 사냥꾼 뇌 모드의 서열 의식이 자극받아 불쾌감을 느낀다. 그래서 자동적으로 적반하장으로 나온다.

여자가 난자 하나를 배출하는 동안 남자가 2억 개 이상의 정자를 배출한다는 생리적인 차이를 상기해보자. 남자들의 본능에 애인이 있어도 한눈 파는 것은—잘하는 일은 결코 아니어도—어느 정도 정상적인 일이다. 그러니 남자로서는 애인이 이런 일로 공격하는 것을 받아들이지 못하고 귀찮아할 수밖에 없는 것이다.

그가 당신을 사랑한다면서 자주 다른 여자에게 눈길을 줄 때 속이 끓어도 노골적으로 화를 내지 마라. 대신 당신의 감정을 이렇게 표현해보라.

"저 여자 멋있지? 같은 여자인 내가 봐도 섹시한데 남자들 보기야 오죽하겠어."

그럼 남자는 당신이 자기 행동을 관찰하고 있다는 사실을 알고 뜨끔한 기분이 들어 스스로 조심할 것이다. 만약 그가 이 정도 표현으로는 당신 속마음을 파악할 수 없을 만큼 둔감하다면 표현의 수위를 약간만 높여보자.

"그런데 너무 열심히는 보지 마. 내 자존심이 상할지도 몰라."

그렇다고 해서 한눈 파는 남자를 방치하면 안 된다. 남자들의 뇌 모드와 신체적 특성을 고려할 때 한눈 파는 것을 방치하면 미련 없이 새 여자에게로 옮겨갈 수 있기 때문이다. 그러므로 남자의 생리를 파악하고, 자존심을 건드리지 않는 범위 내에서 다른 여자에게 보내는 눈길을 차단하라.

평소 "나는 한눈 파는 남자들이 참 무섭더라." "남자들은 한번 바람을 피우면 물불 안 가린다더라." 등의 가벼운 말로 남자에게 '한눈 팔면 안 된다'는 당신의 생각을 강하게 입력시켜두어라. 그런데도 한눈을 팔거나 다른 여자를 쳐다보면 그때는 직접적인 비난을 자제하는 것이 요령이다.

남자는 "나보다 전지현이 좋아?"라는 말은 애교로 받아들이지만 "전지현이 그렇게 좋으면 사귀지, 왜 나랑 사귀냐?" 하는 비아냥거림은 모욕으로 받아들인다는 점을 기억하라.

15 - 양다리 걸치는 그녀 앞에서

"침착해."

지금은 많은 여성들이 남자만의 사냥터였던 직업 전선에 나서고 있다. 남자만의 사냥터에 발을 내딛다보니 여성들의 파수꾼 뇌 모드에 사냥꾼 기질이 급속히 섞이고 있다.

남자인 당신이 고지식해서 사냥꾼 뇌 모드를 고정시키고 애인이 당신만 바라보기를 바라는 사람이라면, 그녀의 양다리를 절대 용납할 수 없을 것이다. 그러나 여자들은 이미 사냥꾼 뇌 모드를 파악하고 있기 때문에 당신이 용서하지 않을 기세를 보이면 잠적해버리는 것이 상책이라고 생각할지 모른다.

당신이 애인의 양다리에 의연하게 대처하면 고비를 넘기고 예전의 관계로 돌아설 가능성이 있지만, 감정을 억제하지 못하고 돌아와달라고 통사정하거나 용서하지 않겠다며 협박을 하면 그녀와의 관계는 아주 지저분하게 끝날 것이다. 남자인 당신이 양다리 걸치는 그녀를 너그럽게 대하기가 쉽지는 않겠지만 그녀를 잃기 싫으면 이 방법밖에 없다.

선수 쳐서 당신에게 다른 여자가 생겼다는 느낌을 주어 그녀가 당신의 가치를 깨닫게 하는 방법도 가능하다. 만약 그녀가 양다리를 걸치기는 했지만 당신에게 다른 여자가 생기는 것은 싫어할 정도의 애정이 남아 있다면 이 방법이 통할 것이다. 그러나 아예 마음이 떠나버렸다면 여자는 편안한 마음으로 당신을 정리해버릴 것이니 당신만 상처를 받을 수 있다.

그러나 냉정하게 생각해보라. 기다려도 소용없는 여자를 기다릴 필요가 있는가? 기다려도 소용없는 미련은 빨리 끊어버릴수록 새로운 인연을 만나 부활할 가능성을 높여줄 것이다.

후자의 경우라면 당신이 먼저 쿨하게 헤어지자고 말하는 것이 당신의 정신 건강을 지키는 길이며, 그 여자에게도 두고두고 좋은 인상을 남기는 남자다운 태도다. 남자들도 이미 마음이 떠난 애인이 죽기 살기로 매달리면 추하게 느껴지듯, 여자들도 그렇다는 것을 잊지 마라.

16 - 양다리 걸치는 남자 앞에서

"나는 몰라요."

그가 양다리 걸치는 사실을 알게 된 당신. 과연 어떻게 할 것인가? 고민일 것이다. 일단 그와 헤어질 것인지, 아닌지부터 결정하라. 만약 그와 헤어지기 싫으면 정답은 한 가지. 눈 감아주는 것이다.

남자들은 유전자 확산 본능 때문에 양다리 걸치기에 여자들보다 죄책감을 덜 느낀다. 반면 여자는 유전자를 받아들일 준비를 해야 하는 연애 중에는 웬만하면 한 사람에게 집중하는 뇌 모드를 가지고 있다. 당신이 이런 차이를 인식하지 못하고 양다리 걸치는 그에게, 그가 자신의 잘못을 느끼는 것보다 더 높은 수위의 흥분된 모습을 보이면 연애 관계는 깨진다.

사냥꾼 뇌 모드의 남자는 사물을 이성적으로 보기 때문에, 흥분 상태에서도 이성적으로 접근해야 당신의 분노가 제대로 전달될 것이다.

좀 더 이성적으로 생각해보자. 당신 남자가 양다리를 걸쳤다면 그의 애정이 반 이상 다른 여자에게로 넘어갔을 가능성이 높지 않은가? 그런 상황에서 당신이 그를 자극해서 얻을 것이 무엇이겠는가? 그와 헤어지기 싫으면 양다리 걸친 사실을 눈 감는 것이 현명할 것이다.

사냥꾼은 사냥할 때 혼자 판단해서 결정을 내리고, 책임도 혼자 지는 것이 원칙이다. 그 때문에 남자의 사냥꾼 뇌 모드는 자신도 인정하는 명백한 잘못도 남이 지적하면 그렇게 말한 사람이 부모일지라도 모욕을 느낀다.

게다가 남자는 자신이 만난 최초의 여자인 어머니로 인해 '여자는 어지간한 잘못은 용서해주는 사람'이라는 강한 이미지를 가지고 있어, 애인이 자기 잘못을 몰아세우지 않고 용서하는 태도를 보여야 자신을 정말로 사랑한다고 믿는다. 그렇기는 해도 양심 있는 남자는 먼저 양다리에 대한 이야기를 꺼내지 못한다. 당신이 "왜 양다리를 걸치는 거야?"라고 먼저 몰아세우지 않는 한. 그러니 화가 나더라도 '나는 몰라요' 자세로 일관하라. 제3의 여자가 그를 대하는 것보다 당신이 더 잘해주면서 눈 감아주는 것만이 당신 남자가 당신에게 돌아오게 만드는 유일한 방법이다. 그럴 자신이 없다면?

그냥 쿨하게 보내주어라.

17 - 그녀의 질투가 너무 심하다면

"난 당신이 제일 예뻐."

여자의 질투 때문에 골머리를 썩는 남자들이여. 남자가 약 2억 개의 정자를 생산하는 동안 여자는 단 한 개의 난자만을 생산한다는 사실을 기억하라. 여자들이 어렵게 만들어진 그 난자가 허무하게 소모되는 것을 원치 않는 건 당연하지 않을까? 그것만 이해해도 당신은 여자의 질투를 어느 정도 이해할 수 있을 것이다.

여자는 애인이 아닌 남자와 있을 때도 제3의 여자를 향해 "저 여자 몸매 죽이는데?" 같은 말을 하는 것은 절대로 못 듣는다. 직장 동료가 그런 태도를 보여도 기분이 상한다. 그러니 애인에게야 어떻겠는가?

당신이 애인 앞에서 다른 여자를 몰래 훔쳐보다 들켰다면 무조건 죽는 시늉을 하면서 사과해야 후유증이 없다. '남자는 원래 그런 동물이다'며 애교를 부리면 여자들의 가벼운 질투는 쉽게 풀린다. 이 정도의 질투는 애정의 활력소가 되기도 한다.

하지만 당신이 애인과 거닐던 산책로를 애인 이외의 다른 여자와 거닐거나, 애인과 즐겨 찾던 식당에 다른 여자를 데리고 갔다가 들키는 날엔 그녀의 질투는 폭풍으로 변할 것이다. 여자에게 애인과 단둘이만 아는 장소, 행동, 사건 등은 두 사람의 관계를 건설하는 나무와 벽돌이다. 그래서 당신이 그녀와 했던 행동을 다른 여자에게 똑같이 했다면 당신 애인은 사랑이 무너지는 신호로 받아들일 것이다.

그녀를 가장 심하게 화나게 하는 것은 당신이 다른 여자의 물건을 가지고 있다가 들켰을 때다. 관계 발달 모델을 내놓은 냅(Knapp) 박사는 두 사람이 함께하는 일상적인 활동이나 교환하는 물건들로 관계의 깊이를 잴 수 있다고 말한다. 냅 박사에 따르면 처음 만난 사람들은 타인에게 자기 물건이 남겨질까봐 조심하고, 만약 실수로 남의 집에 물건을 놓고 오면 곧바로 돌려받아야 마음이 놓인다고 한다. 그러나 관계가 깊어지면 상대방의 집에 자기 물건을 남겨두어도 크게 개의치 않으며, 연인으로 발전하면 일부러 물건을 교환하기까지 한다는 것이다.

따라서 당신이 다른 여자의 물건을 가지고 있다는 것은 당신 애인에게는 배신의 증거로 보일 뿐이다. 그러니 그녀의 질투만 탓하지 말고, 당신이 원인 제공을 하지 않도록 조심해야 한다. 오해 살 만한 행동을 삼가고, 수시로 "내 눈엔 당신이 세상에서 제일 예뻐." "당신보다 멋진 여자는 없어."라고 말해보라. 그녀는 당신에 대한 사랑으로 행복이 넘치는 나날을 보낼 것이다.

18 - 남자도 질투를 표현할 필요가 있다

"저 남자가 나보다 멋있어?"

 사랑에 빠지면 여자뿐 아니라 남자도 질투를 느낀다. 셰익스피어의 《오셀로》를 보라. 남자의 질투도 모든 것을 파괴할 만큼 깊고 깊다.
 그럼에도 불구하고 많은 남자는 사소한 것에 집착하면 사냥이라는 대의를 놓치기 때문에 질투 같은 감정은 겉으로 드러내면 안 된다는 학습을 받아왔다. 질투를 드러내면 '치사하고 쩨쩨한 남자'로 보일 것으로 생각하는 뇌 모드를 가지고 있는 것이다. 애인과 잘 지내려면 더 이상 이런 고정관념에 매달리면 안된다. 여자들은 연인이 적절하게 질투심을 표현해주어야 거기 사랑이 있다고 믿는 뇌 모드를 가지고 있기 때문이다.
 따라서 당신이 애인에게 전혀 질투심을 표현하지 않아도 자신을 사랑하지 않는다고 해석한다. 그러니 일부러라도 약간의 질투는 표현하라.

여자들은 연인 관계가 발전할수록, 남자가 자신을 섹시하게 보아준다는 것을 확인하고 싶어한다. 애인이 애교 있게 적절히 질투를 표현하면 자기를 섹시하게 바라본다는 메시지로 받아들이는 것이다.

하지만 모든 것이 도를 넘으면 남자의 질투도 여자를 질리게 한다. 가장 나쁜 질투 형태는, 여자를 의심하며 취조하듯 괴롭히는 것이다. 남자가 이런 질투를 드러내면 여자는 남자가 자신을 믿지 못한다고 해석한다. 신뢰가 깨졌다고 받아들이는 것이다. 신뢰가 깨지면 이후의 연인 관계는 메마르고 거칠어져 점점 파국으로 치닫는다.

그러니 부디, 당신은 질투가 나더라도 원색적인 표현은 자제하고 사소한 질투만 애교 있게 표현하라. 만약 애인이 데이트 중에 영화의 남자 주인공을 멋지다고 칭찬하면, "그 남자가 나보다 멋있어?" "그렇게 근육질인 남자보다 나처럼 배가 통통한 남자가 진짜 섹시한 거야. 몰랐지?"라고.

19 - 당신의 옷이 야하다고 불평하는 그에게

"알았어. 그렇게 할게."

남자들은 모르는 여자가 야한 옷을 입으면 고마워(?)한다. 호시탐탐 자기 유전자를 퍼뜨릴 만한 여자를 탐색하는 남자들은 야한 차림의 여자를 섹스 파트너로 보기 때문이다. 그러나 누이나 애인 등이 야한 옷을 입으면 그냥 지나치지 못한다. "이게 치마야, 손수건이야?" "온 동네 사람한테 네 배꼽 어떻게 생겼다고 광고할 일 있냐?" 등의 비난을 해댄다. 남자들은 자신의 경험에 의해, 여자들의 선정적인 옷차림으로 유발되는 남자들의 성적 욕망을 너무도 잘 알고 있기 때문이다.

여자 입장에서는 애인에게 예쁘게 보이려고 잔뜩 신경을 쓰고 나갔는데, 애인이 핀잔부터 주면 기분이 팍 상할 수밖에 없을 것이다.

그래서 곱지 않게 오는 말에 곱지 않게 대응할 것이다.

"요즘엔 중학생 교복 치마도 이보다 짧거든."

"참외 배꼽도 아닌데 좀 보여주면 어때?"

그러나 이런 대응은 당신의 남자를 달아나게 할 뿐이다. 남자의 사냥꾼 뇌 모드는 자신이 부당한 말을 하는 줄 알면서도 상대인 여자가 자기 말을 막으면, 자신의 서열을 인정하지 않고 무시하는 것으로 받아들인다.

사냥터에서는 이것저것 복잡하게 생각할 겨를 없이 순간적인 결정으로 성패를 걸기 때문에, 여기서 형성된 남자의 사냥꾼 뇌 모드는 사물을 단순하게 압축해서 논리적으로 보게 되어 있다. 이러한 남자의 뇌 모드 때문에, 남자는 대체로 사물을 복잡하게 보는 똑똑한 여자보다 단순하고 쉽게 보는, 약간 부족한 여자에게 끌린다. 따라서 사소한 일로 애인을 잃기 싫다면, 애인이 "옷이 너무 야하잖아. 이런 옷 입지 마."라고 말하면 일단 한 발 물러나라. 그러고는 다소곳하게 "다음에는 안 입을게."라고 말해 여자가 보기엔 좀 맹한(?) 여자로 연출하는 것이 그 남자를 붙들어두는 비결이다.

동물 행동학자 리처드 라이트는 "남자는 방탕한 생활을 자기만의 특권이라고 믿기 때문에, 남자들의 심리에는 현숙한 여자와 방탕한 여자를 구분하는 고정관념이 강하게 들어 있다."고 말한다.

따라서 당신이 지금의 연인과 오래 좋은 관계를 유지하고 싶으면,

애인이 당신 옷이 야하다고 투덜대도 "알았어. 자기가 싫다면 안 입을게. 다음부터 조심할게."라고 수긍해주는 것이 좋다.

20 - 당신의 말에 귀를 기울이지 않는 그에게

그가 몰두하는 일이 끝난 후 다시 말하라

사냥에 성공하려면 오로지 사냥감에만 집중해야 한다. 한눈을 팔면 그 사냥은 실패로 끝난다. 그래서 남자의 사냥꾼 뇌 모드는 한 가지 일에 몰두하면 다른 일은 보이지 않는다. 지금 당신 남자가 당신 말에 귀기울이지 않는 이유는, 그가 어떤 일에 몰두하는 중이기 때문일 것이다.

짧은 순간에 성공과 실패가 갈리는 사냥꾼 뇌 모드를 가진 남자들은 순발력은 강하지만 지구력이 약하다. 그래서 연애 기간 내내 당신에게만 몰두할 수 없다. 당신과의 연애 관계가 순조로워지면 다른 몰두할 거리를 찾아나선다. 새로 산 휴대 전화나 디지털 기기, 회사 일, 스포츠 등 그 대상은 다양하다. 그리고 그런 다양한 관심거리는 애인

이 당신의 말에 귀를 기울이지 못하게 막는다.

그럴 때 발끈해서 "왜 내 말을 무시해? 사랑이 식었어? 다른 여자가 생겼어?"라고 따지면 남자는 뇌 모드를 자극받는다. 남자는 사랑에 빠졌을 때는 집중해야 할 대상이 오로지 애인 당신뿐이다. 하지만 연애가 안정 궤도에 오르면 다른 대상에 집중한다. 남자는 집중할 대상에만 집중해 당신이 아닌 다른 누구의 말도 듣지 못한다.

1998년 《라이프》지는 남자들은 한 가지 일에 집중하면 두뇌가 다른 소리, 느낌, 냄새 등에 거의 반응하지 않는다는 것을 밝혀냈다. 반면 여자들은 어떤 일에 집중을 해도 외부 자극을 받으면 다양한 반응이 나타나는 것을 입증했다.

한 가지 일에만 집중하는 남자의 사냥꾼 뇌 모드는 여자와의 관계에서는 갈등 요소가 되지만, 일상에서는 큰 장점이 되기도 한다. 한 가지에만 집중하면 자기 세계에서 뛰어난 성공을 거둘 수 있기 때문이다. 어떤 일에 몰두하느라 달걀 대신 시계를 삶는 등의 어처구니없는 실수를 저질렀지만, 그들은 세상을 바꿀 만한 큰 일을 해냈다.

따라서 당신이 다른 일에 몰두하느라고 당신의 말에 귀를 기울이지 않는 애인에게 "내 말 안 듣고 무슨 짓 하는 거야?"라고 소리치면 남자에게는 이 관계를 끝내자는 통고가 될 수 있다. 그러면 그는 미안해하기는커녕 상처 입은 짐승처럼 사나워질 것이다. 더구나 당신이 "다른 여자가 생겼어?"라고 몰아치면, 그는 당신을 생트집 잡는

몰상식한 여자로 치부하기 쉽다.

당신이 중요하게 할 말이 있는데 그가 다른 일에 몰두하는 중이라면, 그가 일을 마칠 때까지 말하는 것을 미루어라. "저 일이 끝나면 이야기하자."라고 스스로를 다독이면서 기다리는 것이 그와의 관계를 원만하게 유지하는 길이다. 당신이 그렇게 기다리는 동안 몰입의 순간이 끝나면 그는 다시 당신의 좋은 연인으로 되돌아온다.

21 – 그의 직선적인 표현 때문에 마음이 상할 때

논리적으로 간결하게 말하라

미국의 베스트셀러 《그의 말, 그녀의 말(He says, she says)》에서는 "남자의 직선적인 통신법과 여자의 간접적인 통신법이 충돌하기 때문에 갈등이 일어난다."고 지적한다. 여자들은 생각 자체가 간접적이어서, 모든 대화에 단어 자체의 의미 외에 감정적인 의미를 담아 말한다. 반면에 남자들은 사고 체계가 직접적이어서 단어 하나하나의 뜻만을 염두에 두고 말한다.

남자들의 사냥꾼 뇌 모드는 "달려!" "3시 방향!" "조준!" "발사!" 같은 간단한 표현에 익숙해져 있다. 따라서 남자들은 대체로 말은 간략하고 직선적이며 논리적으로 해야 하는 것이라고 생각한다. 반면 여자들의 파수꾼 뇌 모드는, 말은 타인의 기분을 고려해 우회적으로

해야 하는 것이라고 생각한다. 이 또한 커다란 의사소통 방해 요인이다.

이 차이를 최소화하려면 남자에게는 말을 간결하고 논리적으로 전달할 수 있게 노력해야 한다. 말꼬리를 잡고 늘어지면 의사소통이 제대로 안 된다. 남자는 여자가 간단 명료하게 표현하지 않으면, '사소한 일로 사람을 들볶는다'고 곧바로 해석해버린다. 설령 여자가 정당하게 따지더라도 논리가 정연하지 못하고 장황하면, '여자들은 말의 전체 맥락은 못 알아듣고 말꼬리만 잡는다'라고 생각하면서 여자의 말을 무시해버리게 된다.

이처럼 남녀 간의 서로 다른 사고 체계 때문에 여자인 당신은 남자의 직선적인 표현에 모욕감을 느낄 수 있지만, 남자는 자기가 한 말이 여자에게 상처가 된다는 사실조차 모른다. 따라서 당신이 지금의 애인과 지속적으로 좋은 관계를 유지하고 싶으면, 남자의 직선적인 표현에 화내지 않도록 스스로를 컨트롤하는 훈련을 해야 한다.

그렇지 않으면 그의 직선적인 표현에 상처 입고 싸워, 사소한 일로 관계를 깨기 쉽다. 실제 그가 하는 말에는 다른 뜻이 없는 경우가 대부분이며, 그는 당신이 화내는 이유를 이해하지 못하기 때문에 진짜로 사소한 일인 것이다. 남자의 직선적 표현에도 불구하고 당신을 모욕할 의도는 애초에 없었음을 이해하면, 공연히 혼자 고민할 필요가 없을 것이다.

22 - 당신이 말귀를 못 알아듣는다고 그녀가 답답해한다면

"이 말은 어떤 의미일까?"

여자들은 사냥꾼 남자가 편하게 사냥을 다녀오도록 감정을 억누르는 학습을 받아, 화를 쌓아두었다가 한꺼번에 표현하는 생존 방법을 선택했다. 그래서 직설적인 표현보다 간접 화법이나 반어적 표현을 사용한다. 남자인 당신이 지금의 애인을 놓치지 않으려면 여자들의 이런 속성에 맞춰 말해야 한다.

직설적 표현의 사냥꾼 뇌 모드를 가진 당신이 여자의 간접 화법과 반어법을 이해하려면, 그녀의 말 속에 숨은 의미를 찾는 연습을 해두어야 한다. 그녀가 말할 때의 표정과 몸짓도 관찰해야 한다. 물론 어려울 것이다. 사냥꾼 뇌 모드의 당신에게 이 일은 외국어를 배우는 것과 같을 테니까. 그러나 당신이 이것을 못하면 연애도 연애지만 훗

날 결혼 생활을 할 때도 여러 가지 불행이 초래될 수 있다.

남자들이 참고로 알아두면 좋을 만한 여자의 간접 표현법 중 미국 인터넷 사이트에 떠돌던 간단한 사례 몇 가지를 소개해보겠다.

"5분만 이야기하자."

여기서 여자의 5분은 20분 정도를 의미한다. 여자에게는 이 5분이 남자가 식탁에서 밥을 먹으며 축구 중계를 보는 데 걸리는 시간과 같다.

"그까짓 일은 아무것도 아니야."

이 말을 액면 그대로 받아들였다가도 봉변당하기 딱 좋다. 여자에게 이 말은 아주 중요한 일이 일어났음을 알리는 반어적 표현이다. 만약 당신이 여자로부터 이런 말을 듣고 "응, 아무 일도 아니구나." 하고 가볍게 넘겨버리면, 여자는 그때부터 화를 내며 50분 이상 잔소리를 할 것이다.

"마음대로 해."

이 말을 허락의 표현으로 받아들여선 절대 안 된다. 사실 "마음대로 하기만 해봐."라는 협박일 가능성이 높기 때문이다. 만약 당신이 이 말을 액면 그대로 받아들여 진짜 마음대로 해버리면 '아무것도 아닌 일'에 대해 반나절 정도의 설교를 듣는 곤경에 처할 수 있다.

위의 사례에서 보듯 여자들의 언어는 겉으로 드러난 표현보다 '숨은 맥락'에 더 많은 의미가 있다. 게다가 남자는 '무엇을 말하는가'를 중요시하지만, 여자는 '어떻게 말하는가'를 중요시한다. 그러니 당신이 그녀에게 말귀 못 알아듣는다는 타박에 시달리는 것은 당연한 일인지도 모른다.

그러나 당신도 그 타박에서 벗어날 수 있다. 그녀의 말을 액면 그대로 받아들이지 않으면 된다. 그리고 그녀의 말하는 표정과 몸짓을 관찰하면 된다. 이것이 익숙해지면 당신은 어떤 여자의 호감도 다 얻을 수 있을 것이다.

23 - 그녀가 원하는 부드러운 남자가 되고 싶다면

낮은 목소리로 다정하게

여자들은 터프한 남자를 좋아한다? 그렇다!

여자들은 부드러운 남자를 좋아한다? 그렇다!

남자들은 그래서 여자는 알 수 없다고 투덜댄다. 하지만 여자들이 생각하는 '부드러운 남자'를 남자들이 이해하면 "아하!" 하며 무릎을 칠 것이다. 파수꾼 뇌 모드의 여자는, 밖에서는 가장 크고 사나운 짐승을 사냥할 수 있는 용감한 남자, 집에 돌아오면 사냥터의 일을 완전히 잊고 그가 없던 때의 허전함을 달래주는 남자를 부드러운 남자라고 생각한다. 즉, 일할 때는 용감하고 터프하지만 여자에게는 부드럽게 대해주는 남자를 '부드러운 남자'로 정의하는 것이다.

그래서 여자들에게는 여자 꽁무니를 졸졸 따라다니면서 여자가 시

키는 대로 하는 남자, 여자친구가 화장실 간 동안 핸드백을 대신 들고 화장실 앞에서 기다리는 남자는 부드러운 남자가 아니라 '좀 모자라는 남자'로 보일 뿐이다.

 영화 속에 등장하는 멋진 남자 주인공들은 여자들의 환상을 실현시켜준다. 여러 사람이 모인 곳에서는 눈에 잘 띄지 않는 구석에 앉아 혼자 미소만 짓는 신비로운 남자, 위험 앞에서 눈 하나 꿈쩍 않는 터프가이지만 겉으로는 절대 터프함을 드러내지 않는다. 말할 때도 목소리를 낮추어 조용하고 부드럽게 말한다. 그러나 악한들과 마주치면 본연의 강인함을 드러내 순식간에 제압한다.

 물론 이런 환상은 현실과 다르다. 하지만 여자들은 환상을 중요시해 이 환상과 가까운 남자에게 끌린다. 만약 당신이 평소 여자 대화할 때 '터프함'과 '부드러움'의 타이밍을 맞추지 못했다면 지금 변변한 연애조차 못하고 있을 것이다.

 기억하라! 평소엔 부드럽고 낮은 목소리로, 위기가 닥쳤을 때는 강한 모습을 보여야 한다는 것을.

24 - 나를 소홀히 대하는 내 남자에게

"난 달라졌어!"

아무래도 그가 나를 우습게 여기는 것 같다. 나 역시 연약한 여자고, 그와 단둘이 있을 때는 가끔 공주 대접도 받고 싶은데, 왜 그는 나를 영원한 '무수리'로 대접할까? 연애 기간이 길어지면 여자들은 이런 고민에 빠지게 된다. 그러나 애인이 당신을 대하는 태도는 당신 하기에 달려 있다.

남자의 사냥꾼 뇌 모드는 단순하고 고지식하다. 그 때문에 애인의 첫인상에 따라 연애 기간은 물론 결혼 후에도 계속 같은 대접을 해야 한다고 믿는다. 즉 애인이 처음부터 공주 이미지였다면 평생 동안 공주로 모시지만, 애인이 순종적인 무수리로 보였다면 쭉 그렇게 대하는 것이 옳다고 생각한다. 따라서 당신이 연애 초기에 그를 위해 귀찮은 일도 묵묵히 참고 견뎌냈다면, 그는 당연히 당신이 귀찮은 일을 도맡아야 한다고 믿을 것이다. 반면 당신의 첫인상이 절대 허드렛일은 못하는 이미지였다면, 남자는 당신이 손에 물을 묻힐까봐 염려할 것이다.

성 커뮤니케이션 전문가인 보리소프 박사는 "남자들은 자신들이 한번 굳힌 생각을 기초로 해서 새로운 아이디어를 받아들인다."고 말했다. 만약 어떤 남자가 '빨간 구두를 신는 여자는 정숙하지 못하다'고 인식하고 있다면, 빨간 구두를 신은 여자에게는 아예 말도 걸어보지 않고 무조건 방탕한 여자로 간주한다는 것이다.

그가 부쩍 당신을 소홀히 대하는 것 같아 불만스러운가? 그렇다면 당신이 이미 그에게 '귀찮은 일을 도맡아서 하는 여자'로 보이지 않았는지 점검해보라. 만약 그렇다면 지금부터라도 "나는 몸이 약해서⋯⋯." "그런 건 해본 적이 없어서⋯⋯."라고 말하면서 새로운 이미지로 변신을 시도하라. '닭살이 돋아서' 그렇게 할 수 없다면, 그와 결혼한 후에도 현재의 패턴대로 무수리 대접을 받으며 살 각오를 하라.

당신이 이제 막 연애를 시작했다면, 당신 남자에게 어떤 대접을 받고 싶은가에 따라 의상과 제스처, 말투 등을 과감히 연출해보라. 내숭이라도 괜찮다. 첫인상이 마지막까지 간다는 것을 기억하면 연출이 어렵지도 않을 것이다.

"난 보기보다 팔 힘이 없어서 무거운 건 못 드는데……. 자기가 좀 들어주면 안 될까?"

"문이 잘 안 열리네. 당신이 좀 열어줄래요?"

이런 '공주스러움'이 몸에 배도록 하라. 그러면 당신은 당신 남자에게 공주 대접을 받을 수 있을 것이다.

3

결혼 초반에

달콤한 연애 기간이 끝나고 결혼 생활이 시작되면 결혼식의 화려한 여운이 채 끝나기도 전에 남자와 여자는 본격적으로 서로 다른 뇌 모드의 본색을 드러내며 무섭게 충돌하게 되어 있다. 더구나 결혼 이전의 인생에서 각기 다른 육아 방법과 교육, 성장 환경, 음식을 비롯한 생활 습관, 추구하는 인생관까지 달라 매일매일 충격받을 일이 생기며 충돌마다 불꽃이 튀게 된다. 거기다가 결혼을 했으니 당신은 내 식을 받아들여야 한다는 기대까지 생겨 충돌은 더욱 거세질 수밖에 없다.

그래서 결혼은 연애의 무덤이라고들 말한다. 그러나 부부는 함께 아이를 낳아 일생을 함께하고 어려울 때 유일한 동반자가 되어야 하는 관계에 놓인 사람들이다. 그런 소중한 관계를 충돌만으로 허비할 수는 없지 않은가. 서로 다른 뇌 모드를 인정하고, 거기에 맞는 대화법을 파악하면 이 모든 어려움이 성취감으로 바뀔 것이다. 지금부터 결혼 초에 서로 다른 뇌 모드에 맞추어 대화하는 법을 알아보자.

25 – 아내가 시어머니와 갈등이 있을 때

두 얼굴의 사나이가 되어라

　남자들은 결혼과 동시에 두 명의 강력한 파수꾼과 맞닥뜨린다. 아내와 어머니. 이 두 여자는 결혼한 남자와 정신적·신체적·문화적으로 가장 가까운 곳에서 만나는, 파수꾼 뇌 모드의 소유자들이다. 세월이 변했어도 고부간 갈등이 가져오는 파괴력은 굉장하다. 열렬한 연애 끝의 결혼도 고부 갈등으로 파경까지 맞는 경우가 많다.

　아내와 어머니가 일으키는 갈등은 파수꾼 뇌 모드의 언어로 풀어야 한다. 앞에서 소개했듯 파수꾼 뇌 모드의 여자들은 말 속에 숨은 맥락으로 의사를 표현한다. 따라서 당신이 고부간 갈등의 중심에서 고통받는 남자라면, 여자들의 표정을 살피며 말 속에 들어 있는 맥락을 이해하는 법을 익혀두어야 한다.

또한 파수꾼 뇌 모드의 여자들은 상대편이 하고 싶은 말을 듣는 것이 아니라, 자기가 듣고 싶어 하는 말만 골라 듣는다는 특성도 알아야 한다. 여자는 말을 통해 어떤 목적을 달성하려는 것보다는 감정을 해소하려고 한다. 그 때문에 여자는 상대편이 자기 말에 귀기울여주고 동의해주기만 해도 스트레스가 풀린다. 자기 말을 들어주는 상대를 통해, 자신의 분노가 정당하다고 인정받는다고 받아들이는 뇌 모드를 가지고 있기 때문이다.

프랑스 철학자 자크 데리다는 "남성주의 사회는 언어를 논리적 질서의 표현으로 보기 때문에 단어를 흑백으로 정의하고, 사물을 단순화하는 기능적인 면만 본다. 그러나 여자들에게 언어는 현상학적인 의미가 있어, 말과 진실 사이에 확실한 구분이 없다. 따라서 여자들은 남자의 어떤 상냥한 말은 거짓말인 줄 알면서도, 말 자체가 주는 의미 때문에 감동을 받는다."고 말한다.

아내가 시어머니에 대한 불만을 터뜨리면서 불평할 때 당신이 고지식하게 "우리 어머니는 그런 분이 아니야. 당신이 오해한 거야."라고 말하면 불난 데 부채질하는 것이다. 이때 아내가 당신에게 듣고 싶은 말은 "그건 어머니가 좀 심하셨네."라는 말뿐이다.

마찬가지로 어머니가 당신에게 며느리의 흉을 늘어놓을 때, 당신 어머니는 아들인 당신이 "제가 그 사람한테 한마디 할게요."라는 말을 들으려고 한다. 당신이 그런 눈치도 못 채고 "그 사람 잘못이 아닌 것 같은데요. 어머니가 이해해주셔야죠."라고 했다가는 "내 아들이 결혼 전엔 저러지 않더니 나쁜 며느리가 들어와서 내 아들까지 망쳐놓았다."라는 곡해나 생기게 할 것이다.

따라서 아내가 시어머니에 대해 불평하면 "당신이 억울했겠네. 어머니가 왜 그러셨을까? 내가 기회를 봐서 한번 말씀드려볼게." 정도로 대답하는 것이 현명하다. 이 경우에 당신이 '어머니가 잘못하셨다' 라는 식으로 어느 한 편을 드는 것은 위험하다. 나중에라도 아내가 당신에게 책임을 돌릴 것이기 때문이다. 대부분의 경우 상식적인 아내라면 그 정도 수준에서 어느 정도는 화가 풀린다.

어머니가 아내 험담을 할 때도 "어머니가 화내실 만한 것 같아요. 잘 몰라서 그런 것 같은데요? 어머니가 잘 이끌어주세요. 제가 따로 한번 타일러놓겠습니다." 등의 말로 어머니가 듣고 싶어하는 말을 들려주어라. 이 경우에도 나중에 어머니가 책임 소재를 따질 수 없도록 중립적인 입장을 고수하라.

여자는 말의 내용보다 남자가 '어떻게' 말하는가를 중요시한다. 어머니이건 아내건 그들의 말에 현실적인 해결책을 제시할 필요가 없다. 오히려 그것은 사태를 악화시키는 요인만 된다. 당신이 충돌을 조율해야 할 두 여자, 어머니와 아내가 충돌을 일으키면 고지식한 답변을 삼가고 그들이 듣고 싶어하는 말을 골라 해주어라. 그것이 두 여자의 갈등을 막는 요령이다.

26 - 남편이 시어머니 편만 들 때
"당신이 좀 도와줘요."

　아내인 당신이 인정하기 싫어도 남편에게는 어머니가 최초의 여자다. 아들과 어머니는 '정신적인 분리'가 불가능한 독특한 관계다. 딸은 어머니의 자궁을 통해 세상에 나와 아버지와 첫 이성으로서의 관계를 형성하지만, 아들은 어머니 자궁을 통해 세상에 나온 후 다시 어머니와 첫 이성으로서의 관계를 형성하기 때문이다. 이러한 운명적 관계에 따라 남편에게 최초의 여자는 어머니일 수밖에 없다.

　그런 사정을 감안해도 시어머니에게 당하고 있는 당신 앞에서 남편이 시어머니 편만 들면 아내인 당신은 분할 것이다. 예를 들어 시어머니가 당신만 보면 "네가 음식 솜씨가 나빠서 우리 아들이 살이 빠졌다."고 투덜대거나, 당신 집에 불쑥 찾아와 냉장고 문을 열어보며 "너는 살림을 어떻게 하기에 냉장고 안이 이렇게 지저분하냐?"라고 흠을 잡았을 때 남편이 당신 역성을 들기는커녕 어머니 말에 맞장구치거나 한술 더 떠서 당신 험담을 늘어놓는다. 이럴 때 당신이 남편에게 어떻게 말해야만 스트레스 없이 문제를 해결할 수 있을까?

남편에게 "당신 어떻게 그럴 수 있어? 너무한 것 아니야?"라며 울분을 터뜨려봤자 문제만 더 악화시킬 것이다. 남편의 고정관념 속에는 이미 어머니와의 특별한 관계가 형성되어 있으며, 이 관계 패턴은 쉽게 바뀌지 않기 때문이다.

이러한 상황을 개선시키려면 분노를 가라앉히고 남편에게 차분하고 논리적으로 당신의 입장을 설명하는 것이 좋다.

"내 음식 맛이 당신 입맛에 맞지 않는다고 어머님이 말씀하시던데, 어떻게 하면 좋을까? 나는 최선을 다하고 있는 건데. 차라리 당신이 오늘부터 어머님 댁에서 밥을 먹고 올래요?"

이럴 때 대부분의 남편은 "무슨 말이야? 내가 왜 결혼하고도 어머니 밥을 먹어?"라는 식의 반응을 보이기 마련이다. 그러면 불쌍한 표정으로 남편에게 협조를 구하는 것이다.

"그럼 어떻게 하면 좋아요. 나는 하느라고 하는 건데, 하루아침에 어머님처럼 음식을 잘할 수도 없고……."

이렇게 당신이 감정을 조절하면서 남편의 협조를 구하면, 남편은 "괜찮아. 내 입에는 맛있어."라고 나올 것이다. 사실 남편의 사냥꾼 뇌 모드는 고부간의 문제로 자신이 귀찮은 상황에 빠지는 것을 원치 않기 때문에 쉽게 당신 편을 들 태세가 갖추어져 있다.

그래서 시어머니가 당신의 살림 솜씨를 꼬투리 잡으면서 냉장고 청소를 해놓으라고 말한다면, "냉장고를 치우라시는데, 아이 때문에 너무 힘들어서 시간을 내기 힘들어요. 당신이 좀 도와줄 수 없을까?"라는 식으로 협조를 구해보라. 문제가 의외로 쉽게 풀릴 것이다.

당신이 울분을 터뜨리면서 시어머니를 비난해봐야 남편은 화나 낼 것이다. 남자의 사냥꾼 뇌 모드는 복잡한 일을 싫어해 생리적으로 당신의 불만을 거부하게 되어 있다. 그러니 시댁과 문제가 생겼다 해도 일을 복잡하게 만들지 말고, 남편 스스로 문제를 인식하고 해결 방안을 제시하도록 해서 문제를 풀어라. 남편이 '문제를 해결할 수 있는 사람은 나밖에 없다'라는 생각을 갖게 만들면, 남편이 자발적으로 갈등 해결에 나설 것이다.

시어머니와 갈등이 생겼을 때 불만 대신 논리적으로 상황을 설명하고 남편이 처리하게끔 "당신이 좀 도와주세요."라고 말하는 것보다 좋은 약은 없다.

27 – 처가에 소홀하다고 아내가 불평할 때

"미안해, 내가 더 신경 쓸게."

남녀 평등이 이뤄지고 처가의 입김이 세졌다고는 하지만, 아직도 여자에게 시댁과 친정은 동등한 위치에 있지 못하다. 여전히 여자는 결혼하면 친정 부모보다는 시부모에게 더 신경을 써야 한다.

아내가 처가를 챙기지 않는다고 불평하는가? 그렇게 불평하는 이유는 '상대적 박탈감' 때문이다. 여자는 결혼하고 시부모를 모시게 되면서 새삼 '내가 우리 부모에게 시부모님에게 하는 반만이라도 해 드렸다면 이렇게 미안하진 않을 텐데.' 라는 회한이 일게 된다.

아내가 갑자기 친정 타령을 하면 당연히 남편인 당신은 듣기 싫을 것이다. 하지만 그녀의 파수꾼 뇌 모드는 "친정에 신경을 좀 써달라."고 불평하기까지 상당한 기간 동안 당신에게 그 말을 해야 하나 말아야 하나 하고 망설였을 것이다. "우리 친정 부모님께 당신이 관심이나 있어?"라며 입밖에 불만을 내기 전, 이미 꽤 오랫동안 서운함이 누적되었다고 보아야 한다.

아내가 그런 고심을 거쳐 친정 이야기를 꺼냈을 때 당신이 절대 해서는 안 되는 말.

"처가 가까이 지내는 놈치고 변변한 인간 하나 없더라."

"처가와 뒷간은 멀수록 좋다는 말도 몰라?"

"처남이 어련히 알아서 모실까봐서? 당신은 출가외인이잖아."

당신이 이런 말로 아내를 자극하면 아내는 파수꾼 뇌 모드의 특성대로 그동안 쌓인 화까지 한꺼번에 폭발할 것이고, 그동안 쌓인 모든 불만을 쏟아낼 것이다. 당신이 아내의 파수꾼 뇌 모드를 이해 못하고 "아니, 화낼 일도 아닌데 왜 갑자기 화를 내?"라고 대응하면 가정 불화가 끊이지 않을 것이다.

아내가 처가 이야기를 꺼내면 감정적인 동조를 해주는 것이 현명하다. 아내가 평소에 느꼈던 상대적 박탈감을 이해하고, 그동안 아내의 마음이 오랫동안 불편했음을 헤아려주라는 말이다.

"미안해. 내가 미처 신경을 못 썼네. 이번 주말엔 처가에 한번 다녀오자. 장인 어른이랑 장모님 모시고 맛있는 것도 먹자고."

입으로만 이렇게 말해도 아내의 누적된 불만은 크게 누그러져, 당신에 대한 대우가 달라질 것이다.

28 - 집안일을 돕지 않는 남편에게
"당신이 도와줘서 정말 고마워."

하얀 웨딩드레스를 입고 화사하게 시작했던 결혼 생활. 그러나 여자들은 꿈 같은 신혼 여행을 다녀온 직후 눈앞에 집안일이 쌓인 것을 보고 결혼의 '현실'을 깨닫는다.

요즘은 가사 노동을 분담하는 남편들이 늘었지만 여자들은 여전히 살림살이와 육아, 시댁 뒷바라지를 맡는 경우가 많다. 게다가 맞벌이 부부라면 '내가 결혼은 왜 해서 이 고생을 하고 있나.' 싶을 정도로 일거리가 많을 것이다. 가사 노동에 지치면 연애 때 그토록 열렬히 사랑하던 그 남자, 바로 남편이 미워져서 쳐다보기도 싫어지기 마련이다.

하지만 냉정하게 생각해보자. 당신이 남편이 가사 분담을 하지 않

는 책임을 져야 할지도 모른다. 앞에서 보았듯 남자는 여자를 '처음 만났을 때의 이미지' 대로 대접하기 때문에, 당신이 연애 시절부터 '소처럼 묵묵히 일하는 여자' 라는 이미지를 심어주었을 수도 있는 것이다.

가사 분담이 안 돼 결혼 생활이 고달프다면 지금부터라도 남편에게 심어진 당신의 이미지를 바꾸어보라. 사냥꾼 뇌 모드의 고지식한 남자들은 변화를 잘 받아들이지 못하기 때문에, 남편에게 받은 스트레스를 모아두었다가 어느 날 일부러 치열한 부부 싸움을 벌이고 그 후부터 태도를 바꾸어야 먹힌다.

남자는 일일이 따지고 피곤하게 굴면 싫어하지만 자기 생각을 논리적으로 표현하면 말을 잘 듣는다. 당신이 치열한 부부 싸움 끝에 분명하고 논리적으로 가사 분담을 요청하면, 남편도 당신을 달리 보고 당신의 달라진 이미지를 받아들일 것이다.

이런 노력 없이 남편이 언젠가는 내가 고생하는 것을 알아주리라 기대하는 것은 바보짓이다. 당신이 투덜대면서도 '소처럼 묵묵히 일하는 여자' 이미지로 일관하면 남편은 당신을 불평이 많은 여자 정도로밖에 보지 않을 것이다. 그래서 당신이 아프거나 힘들어서 게을러져도 오히려 당신에게 짜증이나 낼 것이다.

남편과의 대화법의 보너스 한 가지. 남편에게 가사를 분담시킬 때는 남편이 일을 좀 못해도 간섭하지 말고 지켜만 보아라. "설거지가 이게 뭐야? 차라리 내가 할래."라고 나서지 말라는 것이다. 이런 행동은 자기 일에 간섭받는 것을 싫어하는 사냥꾼 뇌 모드를 자극해 오히려 가사 분담을 거부하게 만든다.

"당신이 도와줘서 정말 고마워." "나는 정말 좋은 남자랑 결혼한 것 같아." 등의 말로 부추기며 남편이 알아서 그 일을 마치도록 내버려둔다면, 남편은 사냥꾼 모드 특유의 집중력으로 무슨 수를 써서라도 그 일을 해결해내고 점차 그 일에 익숙해질 것이다.

29 - 연애 때 뜨겁던 남편이 결혼 후 무심하다면

"난 언제나 이 자리에 있을게."

결혼하고 나니 남편이 연애 때와 크게 달라졌다고 말하는 여자들이 많다. 연애 때는 다감하고 열정적이더니 결혼하고 나서 무심하고 쌀쌀해졌다는 것이다. 그런데 남자의 사냥꾼 뇌 모드를 이해하면 이런 변화에 섭섭해하지 않아도 될 것이다.

사냥꾼 뇌 모드는 어떤 일에 몰두할 때는 옆에 벼락이 떨어져도 그 일에만 집중한다. 하지만 더 이상 그 일에 몰두할 필요성이 사라지면 지금까지 몰두했던 일을 머릿속에서 지워야 산다. 그래야만 다음 일에 몰두할 수 있기 때문이다.

사냥꾼의 삶을 떠올려보라. 사냥꾼은 매번 피 말리는 사투를 벌이며 사냥을 한다. 한 번의 사냥이 끝나면 그 상황을 모두 머리에서 털

어내야 부담 없이 다음 사냥에 나설 수 있다. 만약 남자들이 이런 뇌 모드를 갖추지 못했다면, 사냥에서의 긴장과 충격적인 살생의 기억이 떠나지 않아 다음 사냥에서는 두려워 아무것도 하지 못하는 무능력자가 되었을 것이다.

인류가 아직까지 건재한 것은, 다행히도 남자들의 사냥꾼 뇌 모드가 사냥의 살벌한 기억을 지우게 되어 있기 때문이라고 할 수 있다. 문제는 파수꾼 뇌 모드의 여자는, 적이 침입할 때의 상황과 그 적을 물리친 노하우들을 모두 기억하고 있어야 훌륭한 파수꾼으로서의 능력을 발휘할 수 있어 남자와 달리 사소한 일도 다 기억하는 뇌 모드를 가졌다는 것이다.

남자에게는 연애도 일종의 사냥이다. 그래서 결혼 전까지는 애인인 당신 마음을 얻기 위해 당신에게만 몰두한다. 그런데 남자에게 결혼은 사냥의 종료를 알리는 신호와도 같아서 연애 시절의 애틋한 추억마저 머릿속에서 지워진다. 그 때문에 모든 것을 기억하는 당신은 남편의 태도가 갑자기 차가워졌다고 느낀다.

남편이 사냥꾼 뇌 모드를 가지고 있다는 사실을 기억하자. 그러면 남편의 태도가 차가워진 듯해서 "벌써 애정이 식은 거야?" "다른 여자가 생겼어?" 등의 말로 남편과 당신 자신을 괴롭히지 않게 될 것이다. 오히려 당신의 그런 태도는 남편에게 '아내가 나를 진심으로 사랑하지 않고 믿어주지 않는다' 라는 느낌을 받게 할 뿐임을 알게 될 것이다.

  당신의 남편이 결혼 직후 무심해 보이는가? 그것은 그가 지금 연애 시절의 기억을 지우고 새로운 생활 전선, 즉 당신과의 결혼 생활이라는 또 다른 현실로 옮겨가고 있는 중임을 알리는 신호로 받아들여라. 그리고 당분간 남편을 가만히 있게 내버려두어라. 만약 그래도 뭔가가 불안하다면 "난 언제나 당신 옆에 있을게." "결혼하고 나니까 당신이 점점 더 좋아져." 등의 말로 남편에게 당신의 애정을 확인시켜주어라. 당신 남편은 다른 일에 몰두하면서도 당신의 존재를 깊이 인식할 것이다.

30 – 아내의 불평이 심할 때

당신의 행동 패턴을 점검하라

"돈을 안 벌어다 주는 것도 아니고, 바람을 피우는 것도 아닌데 아내는 언제나 불만입니다."

"대체 왜 그렇게 불평 불만이 많은지 모르겠어요. 특별히 불평거리도 없는데도 말입니다."

"집사람은 제가 보기엔 쓸데없는 데에만 돈을 써서 걱정입니다."

주위에서 쉽게 들을 수 있는 남편들의 아내에 대한 불만들이다. 아마 당신도 아내에게 이와 비슷한 불만을 가졌을지 모른다. 그러나 당신이 여자의 파수꾼 뇌 모드를 이해하면 이런 불평을 하지 않아도 될 것이다.

여자들의 가장 중요한 의무는 가족들이 편안히 쉬게 만드는 일이다. 그 일은 남자들의 사냥만큼 중요한 일이다. 그래서 아내들은 집안을 꾸미고 친인척이나 이웃과의 인간관계를 원활하게 만드는 일을 자신을 돌보는 것보다 더 중요시한다. 반면에 사냥꾼 뇌 모드의 남편들은 집안일은 저절로 굴러간다고 생각하고 바깥일에만 전념해야 한다고 믿는다. 사냥꾼 뇌 모드의 당신은 사회적 존경, 경제적 성공, 가장으로서 가족을 부양할 수 있는 경제력에 모든 것을 걸어야 가장 인간답다고 여긴다.

하지만 당신 아내는, 사람은 바깥일보다 가정을 잘 지킬 의무가 있다고 믿는다. 당신이 돈을 아무리 많이 벌어다 주어도 가족을 잘 돌보지 않으면 가장으로서의 의무를 다하지 못한다고 해석한다. 심지어 당신이 바깥일 때문에 가족과의 외식 약속을 잊어버리는 것을 비인간적으로 본다. 그래서 당신에게 가족은 아무 의미가 없는 존재라고 오해하며 불평한다. 사냥꾼 뇌 모드인 당신에게는 사회적 성공이 곧 가족들을 위한 일이 되지만, 아내에게는 남자들도 가족의 행복과 안락함을 챙길 의무가 있다고 믿는다.

돈 쓰는 문제도 그렇다. 여자들이 집 안을 꾸미는 데 따른 지출은 당신이 사회적 성공을 위해 돈을 쓰는 것과 같다. 당신이 이 점만 이해해도 쓸데없는 부부 간의 갈등을 크게 줄일 수 있을 것이다. 당신이 아내가 가족들의 옷이나 가구 구입 등에 돈을 쓸 때 "쓸데없는 데 돈을 쓴다."며 핀잔을 주지 않는다면 그녀의 자존심은 상처 입지 않을 테니까.

철학자 루드비히 포이어바흐는 "남자는 자신의 존재성을 스스로 정의하고 해석하지만, 여자는 자신을 환경의 한 부분이라고 생각한다. 남자는 자신의 독자적인 존재를 완전한 존재로 여기지만, 여자는 환경과 관련해서만 존재의 실체를 느낀다. 따라서 남자가 여자의 물질적 욕구를 어느 정도는 해소해줄 필요가 있다."고 말했다.

당신이 만약 사회적으로 성공한 남자라면 가족을 팽개치고 바깥일에만 전념했을 가능성이 높다. 그 과정에서 아내의 불만은 대단히 많이 쌓였을 것이다. 그런 아내에게 "돈 잘 갖다주면 됐지 무슨 잔소리가 그렇게 많아?"라고 말한다면 아내의 존재를 무시한 셈이다.

당신 보기에 특별한 원인이 없는 것 같은데도 아내의 불평이 너무 심하다면, 혹시 당신이 가정을 등한시하고 바깥일에만 매달리지 않았는지 돌이켜 생각해보라. 만약 그렇다면 정기적으로 아내의 불만사항을 소거해주라. 아내의 불만이 쌓이는 것을 나 몰라라 하면 아내를 병들게 하거나 밖으로 나돌게 할 수 있다.

파수꾼 뇌 모드의 여자들은 섬세하고 감성적이어서 남자의 작은 배려에도 쉽게 감동하기 때문에, 분기당 한 번 정도 깜짝 선물을 하거나 적당한 애교를 부리는 것만으로도 아내의 가슴에 쌓였던 불만을 한꺼번에 소거시킬 수 있다. "여보, 언제나 고마워. 사랑하는 거 알지?" 한마디만 곁들이면 아내는 당신의 모든 잘못을 용서할 것이다.

31 – 남편이 철없는 아이처럼 굴 때

"그러지 말고 이렇게 해주세요."

여자들이 모이면 남편 흉을 보며 "내가 애 하나를 더 키우고 있어요." "우리집 큰아들이에요."라고들 말한다.

사실 사물을 단순하게 보는 남자의 사냥꾼 뇌 모드는, 사물을 복잡하게 보는 파수꾼 뇌 모드의 여자에게 철부지로 보이기 쉽다. 특히 결혼하면 남자의 모든 행동을 낱낱이 관찰할 수 있기 때문에 남편의 어린애 같은 면면들을 속속들이 다 보게 된다.

컴퓨터 게임에 빠져 가족은 나 몰라라 하고, 어린 아기의 장난감을 빼앗으면서 아이와 진지하게(?) 싸우며, 양말이나 속옷을 아무 데나 벗어 던져두기도 하고, 텔레비전 리모콘을 함부로 놓아둔 후에 없어졌다고 고래고래 소리를 지르거나, 며칠씩 씻지 않겠다고 버티는 남

편이 어찌 애 같지 않겠는가?

그러나 이런 상황에서 당신이 남편에게 절대 하면 안 되는 말이 있다. "언제 철들 거야?" "왜 이렇게 애같이 굴어!" 서열 의식이 강한 사냥꾼 뇌 모드의 남편은 아내가 자신을 노골적으로 철부지 취급하면 서열이 강등되는 것 같아 짐승처럼 사나워지거나 의욕을 상실해 결혼 생활 자체에 흥미를 잃을 수 있으니 농담으로라도 어린애 취급은 삼가는 것이 좋다.

대신 남편이 철없는 짓을 할 때마다 짤막하고 정확하게 남편이 알아들을 수 있는 직설적인 말로 지적하는 것이 현명하다. 양말을 아무 데나 벗어두면 "그러지 말고 세탁물 바구니에 넣어줘요."라고 말한 후에 바구니에 양말을 넣는 것을 확인하고, 아기와 간식을 놓고 다툰다면 "당신 먹을 건 더 맛있게 만들어놓았으니 이걸로 드세요."라고 말하면서 해결책을 제시하는 것이다.

물론 일일이 이런 식으로 대응하면 피곤할 것이다. 하지만 귀찮아도 이렇게 대응해야 남편의 태도를 서서히 바뀌게 할 수 있어 결국엔 당신이 편해질 것이다.

32- 쇼핑을 따라온 남편이 불평할 때

남편을 집에 두고 다녀라

휴일에 백화점에 가면, 물건을 고르는 아내 옆에서 인상을 쓰고 몸을 뒤틀며 기다리는 남편들을 쉽게 볼 수 있다. 남편이 쇼핑을 싫어하는 것이 이상한가?

남자의 사냥꾼 뇌 모드는 절대 쇼핑을 좋아할 수 없게 되어 있다. 남자들은 직선적인 시야에 익숙하다. 사냥을 잘하려면 움직이는 사냥감을 직선적으로 볼 줄 알아야 하기 때문이다. 그래서 남자들은 복잡하게 시선을 분산시키는 곳에 가면 실제로 골치가 아플 수 있다. 백화점이나 시장처럼 물건이 사방에 쌓여 있는 곳이 바로 그런 곳이다.

반면에 여자는 사냥에서 돌아온 남자에게 쾌적한 잠자리와 음식을 제공하기 위해선 집 안 장식과 음식 마련에 신경을 써야 한다. 그러자면 시시콜콜한 것까지 볼 줄 알아야 한다. 분산된 시선에 익숙한 것이다. 따라서 쇼핑은 여자들에겐 즐겁지만 남자들에겐 괴로운 일이다.

게다가 유능한 사냥꾼일수록 사냥 외적인 일에 시간을 쓰는 것은 낭비라고 생각한다. 반면 사냥을 마친 후 두렵고 끔찍했던 사냥터의 기억을 지우기 위해 게으름을 부리며 쉬는 것은 다음 일을 준비하는 과정이기 때문에 생산적이라고 생각한다. 그래서 집 안과 사람 꾸미는 일, 즉 자신이 보기엔 꼭 필요하지도 않은 일을 위해 쇼핑을 하는 것은 돈과 시간 낭비라고 본다.

사냥을 잘하려면 비바람 치는 들판이나 박쥐들이 득실대는 동굴에서도 쉴 수 있어야 한다. 따라서 남자들은 집 안을 꾸미는 일의 의미를 잘 모른다. 사냥꾼 뇌 모드의 남자들은 생활에 꼭 필요한 물건이나 옷을 사야 할 때도 처음 눈에 띄는 것으로 사버린다. 그 때문에 불량품을 사거나 바가지 쓰는 경우도 많지만 결코 후회하지 않는다.

남자들의 이런 특성을 안다면, 쇼핑 시간이 길어짐에 따라 남편이 지루해하며 빨리 가자고 채근하는 것을 이해할 수 있으리라. 이런 일을 미연에 방지하고 싶다면, 아예 처음부터 남편을 쇼핑에 데려가지 않는 편이 현명하다.

만약 남편의 옷을 골라야 하거나 무거운 짐이 있어서 남편의 힘이 꼭 필요하다면, 당신 혼자 미리 가서 살 물건들을 점찍어둔 후 남편과 동행해서는 곧장 물건을 고르고 쇼핑을 최대한 빨리 끝내는 배려를 해주는 것이 좋다.

"쇼핑은 내가 알아서 할게요. 당신은 쉬세요. 대신 나중에 데리러 와줄래요?"라는 아내의 말에 남편은 겉으로는 "혼자서 괜찮겠어?"라고 만류하는 척하지만 속으로는 기뻐할 것이다.

33 - 아내가 남편의 주말 취미를 함께하기 싫어한다면

"당신은 뭘 하고 싶어? 내가 맞출게."

운동의 중요성이 커진 시대다. 특히 주말이면 등산, 산악 자전거, 스키, 수상 레포츠 같은 활동적인 취미를 즐기는 사람들도 많아졌다.

이런 취미를 즐기는 남자들 중에는 아내와 취미를 함께 즐겼으면 하는 사람들이 꽤 있다. 그런데 정작 아내가 시큰둥하다며 못마땅해 하는 남자들이 많다. 하지만 남편들은 사냥꾼과 파수꾼의 체력 차를 알아야 한다.

사냥꾼은 맹수와 싸워 이길 만한 강인한 정신력과 체력이 필요하다. 그러나 파수꾼은 사냥에서 돌아온 남편에게 쾌적한 환경과 음식을 제공하고 자녀를 키우는 등의 일을 담당하다보니 남자들 같은 강인한 체력은 필요하지 않았다. 꾸준히 단련해서 남성 못지않은 체력을 가진 여자들도 있긴 하지만, 여자들의 신체는 대체로 남자들보다 약하다.

　아내와 함께 취미를 즐기고 싶은 당신의 마음은 아내에 대한 사랑에서 나온 것이다. 그렇지만 당신이 아내와의 체력 차이를 고려하지 않고 당신이 즐기는 강렬한 운동을 같이 하자고 한다면, 아내에게 사랑이 아닌 고통을 줄 수 있다. 아내가 좋아하지만 당신이 전혀 알아듣지 못하는 오페라 공연을 함께 본다고 상상해보라. 아내는 바로 그 기분을 느끼는 것이다.

　감정을 직접적으로 드러내지 못하는 파수꾼 뇌 모드의 아내는 당신의 제의를 거절할 수 없어 마지못해 당신의 주말 취미에 참여하고 있을지 모른다. 그러나 마음속에 계속 스트레스가 쌓여 언젠가 감정이 폭발할 수 있으니 조심하는 것이 좋다.

　아내와 주말 야외 활동을 함께 즐기고 싶은가? 그렇다면 먼저 아내에게 그럴 의향이 있는지부터 물어야 한다. 당신의 짐작만으로 아내도 좋아할 거라고 판단하지 마라.

　남자들은 결혼을 하면 자신이 아내의 보호자라는 생각이 강해져, 아내의 일도 자기 눈으로 관찰하고 판단하는 남자들이 많다. 그러나 이것은 자기 중심적인 행동일 뿐, 아내의 상황을 고려하지 않아 아내를 지치게 하는 일이다. 당신은 아내를 배려해서 결정했어도, 아내는 당신을 독단적이고 편협한 사람으로 볼 수도 있다. 함께 레저를 즐기고 싶으면 반드시 아내에게 "당신은 주말에 특별히 하고 싶은 게 있어? 우리 뭔가 함께 배워보면 어떨까?" 하고 먼저 물어보라.

그리고 아내의 체력과 의향을 고려해서 부부가 함께 계획을 짜라. 결혼 생활 내내 주말을 행복하게 보내고 싶다면, 항상 아내의 뇌 모드와 체력을 배려하라.

"당신은 어때? 당신이 좋아하는 것으로 내가 맞출게."

34 - 남편이 친구와 너무 자주 어울릴 때

"일주일의 절반만 나와 함께 있어줘."

사람을 알려면 친구를 보라는 말이 있다. 친구 많은 남자치고 인간성 나쁜 남자는 없다. 하지만 이런 인간성 좋은 남자와 결혼하면 남편의 이른 귀가는 포기해야 한다. 친구 뒤치다꺼리하느라 언제나 맨 마지막에 귀가할 테니 말이다.

남자들의 세계에서 '동료'는 사냥터의 살벌함을 함께 느끼며 생사를 넘나드는 동지이다. 따라서 서로 목숨을 담보할 만큼 의리를 지켜야 한다고 믿는다. 남자들에게 연애는 일시적이고 친구는 영원할 수 있다. 심지어 남자들 세계에서는 결혼했다고 아내만 챙기면 웃음거리가 되기도 한다. 집안일로 스트레스 받으며 남편이 일찍 들어오기만 기다리는 아내 입장에서는, 친구 일만 챙기는 남편이 "이 남자가 정말 내가 사랑한 그 남자일까?' 싶어 원망스러울 수 있다.

그러나 남편에게 잔소리를 하거나 짜증을 내보았자 이 문제가 해결되지는 않는다. 남자들은 "친구가 그렇게 좋으면 친구랑 살지, 결혼은 왜 했어?" "아예 밖에서 자고 회사로 바로 출근하지 그랬어." "집에 그렇게 들어오기 싫어?" 같은 말로 들볶으면 반성하기는커녕 오히려 더 화를 낼 것이기 때문이다. 이런 남편의 태도를 바꾸려면 사냥꾼 뇌 모드에 맞춘 대화를 시도해야 한다.

남편이 불만스럽더라도 침착하게 목소리를 낮춰 "적어도 일주일의 반은 집에 일찍 들어와주면 좋겠어. 당신이 도와주지 않으면 내가 혼자 집안일을 다 해내기 어려워."라고 말해보라. 그런데도 남편의 태도가 바뀌지 않으면 2차 경고를 보낸다. "두 번째 경고야. 일주일의 반 이상을 밖에서 보내면 나한테도 생각이 있어." 물론 여전히 침착한 태도를 유지해야 한다. 그래도 바뀌지 않으면 마지막 경고를 보낼 차례다. "이번이 마지막 경고야. 내 말을 허투루 듣고 지금처럼 매일 늦게 들어오면 나도 밤 외출을 할 거야."

남편이 만약 '설마 결혼한 여자가 밤 외출을?'이라는 식으로 우습게 받아들이고 계속 밖으로만 돌면 과감하게 아이를 시댁에 맡기고 야간 외출을 해보라. 딱히 갈 데가 없으면 혼자 영화나 공연을 보면 된다. 아예 혼자 여행을 가는 것도 괜찮다.

당신이 이렇게 행동으로 보여주면 남편은 몹시 당황할 것이다. 그리고 당신은 남편과의 협상에서 유리한 고지를 차지할 수 있다. 이 협상에서도 물론, 사냥꾼 뇌 모드가 알아들을 수 있도록 직접적이고 논리적인 말로 당신의 요구사항을 밝혀야 당신 뜻대로 결말이 날 것이다.

35 - 외출 때마다 아내를 기다려야 할 때

독촉하지 말고 다른 일에 시간을 사용하라

 결혼 생활에서는 부부 동반 외출을 해야 할 경우가 많다. 특히 결혼 초에는 주변 사람들에게 인사드릴 일도 많아 동반 외출이 잦을 것이다. 그런데 즐거워야 할 부부 동반 외출이 집을 나서기 전부터 싸늘해지는 경우가 많다. 대부분의 원인은 '외출 준비 시간 차이'다.

 남편들이야 옷만 갈아입으면 외출 준비가 끝나지만, 여자들은 외출 한번 하려면 복잡한 과정이 필요하다. 머리 감고, 말리고, 화장하고. 그러고도 모자라 이 옷 저 옷 다 입어보고서야 입을 옷을 정한다. 일찍감치 준비를 끝내고 기다리는 남편의 입장에서야 화가 날 만도 하다.

 아내의 외출 준비 시간이 긴 이유가 궁금한가? 여자의 파수꾼 뇌 모드는 자신이 어떻게 생각하느냐보다 남이 나를 어떻게 볼 것인지를 더 중시한다. 자기를 꾸미고 포장하는 것이 여자들에게는 대단히 중요한 문제여서, 외출할 때 공 들여 단장하느라 시간을 많이 쓰는 것을 당연시한다. 하물며 결혼하고 나서 더 나아진 자신의 모습을 타인에게 보여줘야 하는 결혼 초기의 여자라면 절대 외출 준비를 소홀히 할 수 없을 것이다.

외출 준비 시간 때문에 부부 싸움이 일어나는 것은 미국도 마찬가지인 모양이다. 미국의 한 심리학 교수가 조사한 바에 따르면, 외출 준비에 걸리는 시간이 남자는 평균 18분, 여자는 평균 90분이라고 한다.

남편인 당신이 이 차이를 받아들여야 부부 동반 외출이 즐거워질 것이다. 아내가 준비하는 동안 느긋하게 못다 읽은 신문을 읽거나 인터넷 서핑을 한다. 아내가 준비를 마치면 당신도 마치 막 준비를 끝낸 것처럼, "나도 이제 막 준비 끝났어. 야, 당신 그 옷 입으니까 참 예쁜데?"라고 말하면 사려 깊은 남편이 되는 것이다.

36 - 외출에서 아내 때문에 짜증이 날 때

"천천히 해."

　모처럼 부부가 함께 외출을 하면 현장에서도 짜증 날 일이 생길 수 있다. 당신의 아내가 음악회에 가서 공연에는 주의를 기울이지 않고 사람들과 수다 떠는 데 더 열중하는가? 등산 가서 산에 오르는 것보다 같이 간 사람들과 수다를 떨거나 음식 나눠 먹는 일에만 열중하는가?

　남자와 여자는 뇌 모드가 다르기 때문에 당연히 사물을 보는 관점도 다르다. 예를 들어 음악을 좋아한다 하더라도 여자는 연주회에서 음악을 듣는 것보다 '연주회에 가는 것' 그 자체를 즐긴다. 반면 남자는 음악을 좋아하면 직접 악기를 배우거나, 친구들과 작은 음악회를 여는 등 자신이 직접 음악 활동에 참여하는 것에 의미를 둔다. 이렇게 서로 다른 목적으로 공연장에 간 부부는 공연이 끝난 후 충돌을 일으키기 십상이다.

  등산을 가면 사냥꾼 뇌 모드의 남자들은 산을 빨리 끝까지 올라서 '정복'을 해야만 직성이 풀리고, 여자들은 산에 오르는 것 못지않게 산에서 밥 해먹고 약수를 마시는 등의 등산 외적인 요소에 더 만족한다. 그래서 남편이 "빨리 올라오지 않고 뭐 해?"라고 독촉하면 아내에게서 등산의 즐거움을 빼앗게 된다.

  아내가 음악을 즐기지 않는 것이 아니라, 함께 간 사람들과 음악 이야기를 하는 것 역시 음악회만큼 중요시한다는 사실을 인정하는 것이 충돌을 막는 일이다. 당신이 이것만 이해해도 아내의 행동이 전만큼 짜증스럽게 보이지 않을 것이다.

  현장에서 만난 사람들과 수다 떠는 아내 옆에서 머쓱하게 기다리기 힘들면 "나 로비에 있을게."라고 말하고 자리를 피했다가 다시 만나 함께 귀가해보라. 아마도 아내는 당신을 더욱 존경하고 싶을 것이다. 그러나 수다 떠는 아내를 말리며 "언제 갈 거야?" 하며 독촉하는 남편은 눈치 없는 남편으로 찍혀 우습게 보일 것이다.

37 - 아내가 억지를 부릴 때

"맞아, 맞아."

"내가 괜히 시집은 와서 이 고생이야. 그냥 직장 다니면서 혼자 살 걸……."

아내가 밑도 끝도 없이 이런 말을 하면 남편은 '대체 왜 또 저런 말을 하는 걸까? 내가 뭘 잘못한 걸까? 이제 와서 뭘 어쩌라고?' 싶어 짜증이 날 것이다.

아내들은 가끔 남편이 이해할 수 없는 억지를 늘어놓곤 한다. 딱히 화가 난 것은 아니지만 남편에게 신세 타령을 할 수 있기 때문이다. 그러나 당신이 이러한 아내의 푸념을 받아들이지 못하고 정색하면 아내는 당신에게 이해받지 못해 외로워질 것이다. 아내의 파수꾼 뇌 모드는 자신이 느끼는 불만을 말로 풀어야 하기 때문에 남편인 당신이 아내의 푸념을 받아들이지 않으면 벽에 갇힌 것처럼 외로워질 수 있다.

여자는 결혼하면 살림을 책임진다. 그런데 살림이라는 것은 아내에게도 처음 경험하는 낯선 영역. 따라서 거기서 오는 스트레스가 만만치 않다. 아내가 당신에게 억지를 부리는 것은 여기서 받은 스트레스를 말로 풀려는 자구책이다.

여자들에게 '말'은 대체로 의사 표현이 아니라 감정 표현이다. 그래서 스트레스를 이겨내려고 자기에게 가장 우호적인 사람, 즉 남편에게 이런 억지를 부린다. 남편을 통해 마음속에 쌓인 스트레스를 풀려는 행동인 것이다. 그래서 당신이 그것을 받아주지 않으면 배신감마저 느낄 것이다.

미국 코미디언 크리스 록은 세 가지 문장만 반복하면 어떤 여자하고든 다 잘 지낼 수 있다고 주장한다. 그 세 마디가 정말 궁금하지 않은가. 그것은 바로 "그래?" "음." "내가 그 사람 미쳤다고 그랬지?"다. 이 말의 공통점? 여자가 무슨 말을 하건 따지지 않고 맞장구를 쳐준다는 것이다. 그렇게만 해주면 여자의 스트레스는 수다를 떨면서 자연스레 풀린다.

지금부터 아내가 남편인 당신에게 억지를 부리는 것은, 당신에게 자신의 스트레스를 풀어달라는 부탁이라고 받아들여보라. 그렇지 못하면 당신 아내는 당신 대신 그 부탁을 들어줄 친구들을 만나거나 전화로 끝없이 미주알고주알 수다를 떠느라 가정을 소홀히하게 될 것이다.

아내가 건강하게 오랫동안 행복하게 살기를 바라는가? 그렇다면 아내의 마음속에 남아 있는 감정의 찌꺼기가 다 배출되도록 아내의 억지스러운 불평을 들어주어라. 그렇게 해서 아내의 스트레스가 해소되면 몸도 마음도 가벼워져 저절로 건강해지고 불만도 줄 것이다.

이 과정에서 당신이 기억해야 할 중요한 사항 하나. 수다를 늘어놓던 아내가 질문을 던질 때 당신이 생각하는 정답이 아닌, 그 순간 아내가 듣고 싶어하는 대답을 해주어야 스트레스 해소에 도움이 된다는 사실 말을 놓치면 안 된다. 아내는 당신이 문제를 해결해주기를 원해서가 아니다. 다만 자기 말을 들어주기를 바랄 뿐이다. 그런 속마음을 모르고 아내의 억지에 진지한 해결책을 제시하지 마라. 아내는 당신을 '센스 없는 남자'로 평가하고, 당신에게 속마음을 털어놓으면 더 복잡한 문제가 생긴다고 생각할 것이다.

아내가 당신을 잡고 불평을 한다. "있잖아, 내 친구 아무개……. 걔가 어떻게 나한테 그럴 수 있어?" "내가 왜 당신이랑 결혼했는지 몰라." "동서는 어떻게 사람이 그래?" 자, 여기에 대한 당신의 반응은 "그래?" "맞아." "그러네." "당신이 서운했겠다." 여야 한다.

38 - 남편과의 잠자리가 내키지 않을 때

"어쩌지? 오늘은 좀……."

    파수꾼 뇌 모드의 여자들은 사냥꾼 뇌 모드 남자들의 공격적인 태도 수용에 길들여졌다. 특히 성에 관한 한 더욱 그렇다. 이 때문에 남편이 일방적으로 성관계를 요구해도, 거절하지 못하고 부부 관계를 고통스럽게 생각할 것이다.

    하지만 여자인 당신이 이해하기는 힘들겠지만 남자들도 아내와의 성관계가 고통스러울 수 있다. 유전자 확산 본능을 가지고 태어난 남자들은, 성적 능력을 자신의 매력과 사회적 능력까지 측정하는 바로미터로 본다. 그래서 사랑하는 여자에게 성관계를 거절당하면 치명적 상처를 입는다. 심하면 자신감을 잃고 정상적인 사회 생활을 못하게 될 수도 있다.

따라서 남편의 성관계 요구가 내키지 않아도 남편의 수치심을 자극하며 거절하지는 말아야 한다. "미안한데, 오늘만 좀 넘어가면 안 될까? 낮에 일하느라 너무 피곤해서. 하루만 좀 봐줘." 하는 식으로 자신의 상황을 사실적으로 표현해서 남편을 이해시켜야 이 민감한 문제를 현명하게 해결할 수 있다.

성관계 중에도 남편에게는 이러한 배려가 필요하다. 남편은 맥이 빠졌는데 당신이 관계 지속을 요구한다면, 남편은 아내를 만족시키지 못했다는 좌절감에 빠져 정상적인 부부 관계를 유지하지 못하는 남자가 되기 쉽다.

미국의 잡지 《맥심》에서 '여자들은 얼마만큼 원하는가?' 라는 설문 조사를 한 적이 있다. 여자들은 대부분, 성행위가 활발하지 않을 때는 하루에 한 번 이상 성생활에 대해 생각하지 않는 대신, 좋은 사람과 성관계를 맺는 중에는 그 기억이 머리에서 떠나지 않았다고 대답했다. 이 설문에서 남자들은 평소에는 자주 성적 충동이 일어나지만, 한 번의 성관계로 욕구가 충족되면 푹 쓰러져버린다고 대답했다. 즉, 여자는 절정이 시작된 후에도 계속해서 절정 상태에 있을 수 있지만, 남자들은 한 번 절정을 느끼면 두 번째 절정을 이루기가 어렵다는 것이다. 그러므로 아내가 남자들의 이런 특성을 고려하지 않고 자기 도취에 빠져 지속적인 절정을 유지하려고 하면, 남편은 아내를 만족시켜주지 못했다는 수치감으로 심한 스트레스를 느낄 수 있다. 마음의

상처가 깊어 나중에는 아내와의 관계를 기피할 수도 있다.

칭찬하고 인정해주는 대화는 오히려 쉽다. 결혼 생활처럼 밀접한 관계에서는 거절은 칭찬보다 훨씬 더 어렵다. 그러나 행복한 부부 관계를 위해서는 '거절'의 대화법이 중요하다. 가까운 관계일수록 상대의 자존심을 상하게 하는 거절은 반드시 후유증을 남기기 때문이다.

39 – 아내와의 잠자리를 거절할 때

거절 이유를 자상하게 설명하라

섹스리스 커플이 많아진다는 보도가 빈번하다. 시중에 아내와의 잠자리에 자신 없다는 이야기 시리즈들도 많이 나돈다. 사냥터가 현대화되고 가족의 생계를 책임져야 하는 남자들의 스트레스가 늘면서 생긴 일인 것 같다.

신혼이 지나고 결혼 생활에 연륜을 더하면서 아내들도 조금씩 자신의 성적 욕구를 뻔뻔하게(?) 드러낸다. 이는 성적 욕구가 강한 남편에게는 긍정적이지만, 그렇지 못한 남편에겐 부담될 수 있다. 하지만 당신이 아내의 파수꾼 뇌 모드를 이해하면, 그런 부담 때문에 과잉 반응해 부부 갈등을 키우지 않아도 될 것이다.

남편인 당신은 내키지 않는데 아내가 잠자리를 요구한다면, 당신이 분명하게 지금 왜 아내의 요구를 거절할 수밖에 없는지를 상세히 설명해주면 된다. 그렇게 하지 않고 "피곤해." "귀찮게 왜 이래?" 식으로 퉁명스럽게 거절하면 '애정이 식었다' '다른 여자가 생겼을지 모른다'는 오해로 트집이나 잡힐 것이다.

그러나 당신에게 오늘 낮에 어떤 일이 있었는지, 왜 몸과 마음이 피곤한지를 설명해주면 아내는 당신의 상황을 기꺼이 이해할 것이다. 파수꾼 뇌 모드는 자세한 설명을 들으면 웬만한 일은 다 이해하는 관용적인 시스템이기 때문이다.

"내 입사 동기 아무개 있잖아……. 걔가 오늘 병원에서 암 진단을 받았다네? 정말 우울한 날이야. 걔랑 나랑 어떤 사이인지 당신도 알지? 평소에 속이 좀 더부룩했지 별 이상은 없었다는데. 큰일이야, 아직 애들도 어린데 말이지. 남 일 같지 않고 내 마음이 너무 싱숭생숭해……."라는 식으로 설명하기만 해도 아내는 당신의 마음을 이해할 것이다.

그러나 만약 당신이 퉁명스럽게 한마디로 거절한다면 아내는 그 거절을 부부 관계 '자체'에 대한 거절로 받아들이게 돼 불만이 쌓일 것이다. 그러므로 귀찮더라도 잘 설명해주어야 가정의 평화를 지킬 수 있다.

만약 당신이 아내의 성적 요구를 거절하는 이유를 상세히 설명하지 못할 상황이라면, 분위기만 조성해주어도 된다. 여자들은 꼭 성행

위를 갖지 않고 낭만적이고 섹시한 분위기로도 만족감을 얻을 수 있다. 섹시한 분위기로 무드를 잡고 "오늘은 너무 피곤했어. 내일도 아침 일찍 출근해야 하고."라며 부드럽게 거절하면, 아내는 "괜찮아. 당신이 나 사랑하는 거 다 아니까."라고 대답할 것이다.

40 – 남편이 결혼 전의 일을 고백하라고 할 때

"우리 서로 믿기로 해요."

　고전 문학 작품인 《테스》가 여자들에게 주는 불멸의 교훈이 있으니, 바로 '여자는 남편을 사랑할수록 결혼 전 일을 알리지 말라.'는 것이다.

　부부는 결혼에 골인하면 배우자에 대한 모든 것을 알아야 할 권리가 있는 것처럼 행동한다. 특히 독점욕이 강한 사냥꾼 뇌 모드의 남자는 더욱 그렇다. 그래서 첫날밤에는 예외 없이 아내에게 "이제 우리는 일심동체가 되어야 하니까 그동안의 비밀은 서로 다 털어놓고 새 출발하자."라고 꼬드겨(?) 숨겨진 비밀을 탐색한다. 그러나 이런 남편에게 넘어가 순진하게 과거를 다 고백하면 순탄한 결혼 생활을 할 수 없다.

'모르는 것이 약'이라는 말도 있듯, 모르고 넘어가면 그만일 사소한 일도 알고 나면 기분이 상할 수 있다. 남편이 아내의 과거를 알게 되면, 별일이 아닌데도 자꾸 연상에 연상을 더해서 엉뚱한 상상으로 발전시킬 수 있다. 사냥꾼 뇌 모드의 남자는 자기가 집착하는 일은 끝을 보아야 시원하기 때문에, 아내가 과거를 고백하면 그것으로 만족하지 않는다. 아내의 그 옛사람을 만나려 하고, 또 다른 일은 없는지 캐물어 끝없이 괴롭히게 된다.

따라서 남편에게 시시콜콜한 과거의 비밀을 낱낱이 털어놓는 것은 어리석은 행동이다. 오히려 비밀이 없어도 있는 것처럼 보이는 편이 남편에게 신비감을 줄 수 있다.

남편이 "다 용서해줄 테니 과거를 고백해보라."고 은근히 압력을 가하면 이성적이고 합리적으로 대응하라.

"우리가 결혼을 했다 해도 각자의 사생활을 바닥까지 캐는 건 좋은 것 같지 않아요. 나는 당신 주머니를 뒤지거나 휴대폰 열어보고 이메일 뒤지는 짓 같은 건 하지 않을 거예요. 당신을 믿고 당신 사생활을 존중하니까요. 당신도 나를 믿고 그렇게 대해주면 좋겠어요."

41 - 아내가 '화 안 낼 테니 다 털어놓으라'고 할 때
들키기 전까지는 딱 잡아떼라

아내들은 남편의 거짓말에 알고도 속고, 모르고도 속으며 동고동락한다. 남편은 아내를 속이고, 아내는 그것을 찾아내려고 애쓰는 이유가 무엇일까? 그것은 파수꾼 뇌 모드의 아내가 사냥꾼 뇌 모드의 남자들이 자신만의 공간을 중시하는 속성을 이해하지 못하기 때문이다.

남자들은 결혼 후 아내가 자신만의 공간까지 침범해오면 다시 자기만의 공간을 확보해야 한다. 아내를 속이고서라도 그 공간을 만들려고 밖으로 나돌 수도 있다. 따라서 결혼 후에도 남편만의 공간은 확보해주어야 한다. 아이들 방은 주면서 남편 방을 주지 않으면, 남편더러 밖으로 나돌아도 된다고 말하는 것과 같다.

자기만의 공간을 빼앗긴 남편이 밖으로 나돌면, 아내는 남편이 바깥일을 일일이 설명해주지 않아 자기를 속이는가 싶은 기분이 든다. 그래서 남편을 어르고 달래어 솔직한 고백을 받아내고 싶어한다.

사냥꾼 뇌 모드의 남자는 여자에 비해 단순하고 직선적이어서 거짓말을 잘 숨기지 못한다. 아내는 당신의 얼굴색만 살피고도 당신이 거짓말을 하는지 그렇지 않은지를 눈치 챌 수 있다.

그러나 아내가 당신에게 "내가 당신 거짓말하는 것 다 알아. 그러니 솔직하게 털어놓아봐. 다 용서해줄게."라고 말해도 순진하게 몰래 숨긴 비자금이나, 단골 카페 여주인과의 데이트, 아내 몰래 새로 산 전자제품 따위를 고백할 필요는 없다. 아내는 남편의 고백만 받아내면, 언제 용서해준다는 약속을 했냐는 듯 길길이 뛰면서 당신의 잘못을 따지고 들 것이다. "세상에 어떻게 그럴 수 있어? 나는 하루라도 빨리 집 장만하려고 입을 것 못 입고, 먹을 것 못 먹으면서 이 고생 하는데. 당신이 이럴 수 있어?"로 시작해 결혼 이후에 쌓였던 모든 불만을 한꺼번에 털어놓을 것이다. 아내는 당신의 시시콜콜 지난 잘못까지 열거하면서 결국은 "당신은 인간도 아니야!"라고 당신 가슴에 못을 박을지 모른다.

그렇다면 용서해줄 테니 고백하라는 아내의 꼬임에 어떻게 대처하는 것이 현명할까? 일단 저지른 죄(?)의 경중부터 판단해보라. 고백하면 후환이 커질 문제인지, 아니면 아내가 용서할 수 있는 수준의 문제인지 따져보고, 만약 후환이 커질 문제라면 끝까지 잡아떼라. 그렇지 않은 문제라면 고백을 하고, 고백 전에는 "내가 솔직하게 말하는데 당신이 약속을 깨고 화를 내면 앞으로 나는 당신에게 절대 솔직하게 말하지 않을 거야."라는 다짐을 받아두는 것이 안전하다.

  물론 가장 안전한 방법은 애초부터 아내를 속이지 않는 것이겠지만.

결혼 생활 경력이 쌓였을 때

결혼하고 여러 해가 흐르면 과연 부부가 애정으로 사는지 우정으로 사는지 분간하기 어려워지는 때가 온다. 결혼 전반기는 서로의 다른 뇌 모드와 본능을 부딪쳐가며 마모시키는 기간이다. 그리고 결혼 생활이 오래되면 이미 굳어진 기존의 패턴대로 체념하며 살게 된다. 그러나 언제나 갈등의 소지는 가슴에 남아 있다. 거기에 자녀의 양육 문제라는 새로운 갈등 요인이 하나 더 등장한다.

당신이 만약 결혼 전반기에 당신과 전혀 다른 뇌 모드와 신체 기능을 이해했다면, 중견(?) 부부가 되었을 때쯤에는 포기할 건 포기해서 부부 갈등을 해소하는 방법을 어느 정도 터득했을 것이다. 그러나 여전히 '나는 남편 속을 전혀 모르겠어.' '여자를 이해한다는 것은 일생을 다 바쳐도 불가능한 일이야.' 하는 생각이 든다면 지금부터라도 배우자의 뇌 모드를 이해하려는 노력을 해봐야 할 것이다. 남자와 여자의 사고 체계가 전혀 다르기 때문에 결혼 후반기에도 남녀의 서로 다른 뇌 모드를 이해하면 숨어 있는 갈등을 해결하고 편안한 결혼 생활을 할 수 있을 것이다.

지금부터 결혼 생활 경력이 쌓인 후의 남녀 뇌 모드에 따른 대화법을 살펴보자.

42 - 아내가 남편에게 애정이 식었다고 푸념할 때

"미안해." "사랑해."

　결혼해서 여러 해가 지나면 남편들은 점점 더 애정 표현에 인색해진다. 가끔씩 아내가 "당신, 이제 나를 사랑하지 않지?" "사랑이 식었지?"라고 불평해도 반응 없이 넘어가기 일쑤다. 사냥꾼 뇌 모드의 남자들은 어떤 특별한 용건이 있어야만 말을 하게 되어 있기 때문에 '이렇게 오래 함께 살았는데 새삼스럽게 애정을 표현해야 할까?' '말 안 해도 내가 자기를 사랑한다는 사실을 잘 알고 있겠지.'라는 식으로 생각해버린다. 하지만 이것은 여자들의 파수꾼 뇌 모드를 전혀 모르고 내린 결론이다.

　결혼 생활에 경력이 쌓여도 남녀의 뇌 모드 자체는 크게 변하지 않는다. 파수꾼 뇌 모드의 여자들은 결혼 후 세월이 흘러도 상대편이

하고 싶은 말이 아니라 자신이 듣고 싶어하는 말을 들어야 그 말을 들었다고 생각한다. 그리고 말로 표현하지 않으면 감정은 없는 것이라고 생각한다. 나이가 들어서도 남편이 애정 표현을 하지 않으면 자신에 대한 애정이 식었다고 단정짓는 것이다.

따라서 당신이 아내와 오래오래 행복한 결혼 생활을 유지하고 싶다면, 아내에게 받는 고마움·미안함·사랑 같은 감정을 그때그때 표현해주어야 한다. 그렇다고 해서 부담을 가질 필요는 없다. 드라마나 영화 속에선 여자의 마음을 사기 위해 거창한 이벤트를 준비하는 남자가 자주 나오지만, 결혼 중반기의 아내가 당신에게 바라는 것은 그런 거창한 것들이 아니다. 그저 당신이 아내에게 잘못했으면 그 사실을 인정하고 "여보, 미안해. 이번엔 내가 잘못했어."라고 인정해주는 정도다. 아내에 대한 당신의 사랑이 변함없다면 "여보, 내가 당신 변함없이 사랑하는 거 알지?"라는 말만 해주면 된다.

말로 표현하지 않는 남자의 감정은 여자에게는 없는 것이나 마찬가지다. 연애를 처음 시작할 때나 신혼 때, 그리고 결혼 후 10년 이상의 세월이 흘러도 당신의 아내가 원하는 애정 표현은 한결같다. "당신을 사랑해." 단, 이때 입에 발린 애정 표현은 하지 않느니만 못하다. 여자들은 말하는 사람의 표정과 제스처까지 꼼꼼하게 관찰하기 때문에 빈말인지 아닌지를 가려내는 도사들이다.

당신의 마음속에 아내에 대한 사랑과 믿음, 감사의 감정이 자리잡

고 있는가? 그렇다면 가슴에 담아두지 말고 표현하라.
 "미안해." "고마워." "사랑해."
 이 세 가지 말만 적시에 활용하면 당신의 가정은 평온하고 행복해질 것이다.

43 - 남편이 당신의 말을 못 들었다고 할 때

"지금 하는 말 중요한 거야."

"당신이 언제 그랬어?"

"내가 그때 분명히 말했잖아!"

"이 여자가 정신이 있는 거야, 없는 거야. 언제 말했다고 그래?"

어느 가정에서나 종종 오가는 입씨름이다. 결혼 생활은 끊임없는 사건의 연속이다. 집안의 경조사를 비롯해 이사나 집 장만, 자녀의 진학과 결혼 등의 수많은 일들이 부부의 합의하에 치러져야 한다. 그러자면 부부 간의 의사소통이 필수다. 그런데 서로의 대화법이 다르다면 의사소통이 막혀 결혼 생활의 경력이 쌓일수록 갈등을 더할 수밖에 없을 것이다.

남편들의 사냥꾼 뇌 모드는—여러 번 강조했지만—한 번에 여러

가지 일을 하지 못한다. 남편이 뭔가 다른 일에 몰두하고 있을 때 아내인 당신이 이야기를 해봐야 남편의 귀에는 들리지 않는다. 만약 당신이 남편이 어떤 일에 집중할 때—예를 들어 스포츠 중계를 본다거나 컴퓨터 게임을 할 때—집안의 중요한 행사에 대해 알려준다면, 남편은 보나마나 그때 당신이 일러준 중요한 행사 일정을 기억조차 하지 못할 것이다. 그러곤 "당신이 언제 그랬어?" "생사람 잡지 마."라고 말할 것이다.

남편이 축구 중계 방송을 보고 있는데 당신이 그 옆에서 친정 동생의 결혼식 날짜를 가르쳐주었다고 해보자. 남편은 "그래, 알았어."라고 대답은 하겠지만 실상은 당신의 말을 전혀 듣지 못했을 것이다. 얼마 후 당신이 "결혼식 이 달 15일인 거 알지?"라고 물으면 남편은 "그날 동창들이랑 체육대회가 있는데?"라고 대답할 것이다. 분명히 미리 알려주었던 당신은 "내가 분명히 말했잖아! 당신도 대답했고. 우리 친정을 얼마나 무시하면 이렇게 나와?"라며 분해할 것이고, 남편은 "나는 들은 적 없어. 누구한테 말해놓고 난리야?"라며 억울해할 것이다.

이런 일은 미연에 방지하는 것이 최상이다. 남편이 텔레비전을 볼 때나 컴퓨터 게임을 할 때, 전화 통화 중일 때는 아예 중요한 말을 하지 않는 것이 좋다. 남편이 몰두하던 일을 마친 다음에 "여보, 당신한테 할 중요한 말이 있어."라며 남편의 주의를 당신에게로 집중시킨

후 이야기를 시작하라.

뉴스 채널 CNN에서 남녀에게 각각 여러 가지 소음·비디오·오디오 등의 자극을 동시에 주고 뇌파를 관찰한 결과를 발표한 적이 있다. 그 결과, 남자들의 뇌는 일단 텔레비전에 집중하면 옆에서 들려주는 음악과 소음을 느끼지 않았으며, 날카로운 초인종 소리나 전화벨 소리조차 듣지 못하는 것으로 나타났다. 반면 여자들은 여러 자극이 동시에 일어나면 뇌파의 움직임이 혼란해졌다. 음악을 끄고 소음을 줄이고 나서야 텔레비전에 집중할 수 있었다.

남편과 중요한 문제를 의논하려면 이런 단계를 따르라. 먼저 "지금부터 하는 말 중요한 거야. 잊어버리면 안 돼."라며 남편의 주의를 끈다. 그리고 남편이 당신의 말을 들을 준비를 마쳤는지 확인한 후에 본론으로 들어간다. 가능하다면 이야기를 하면서 두 사람이 함께 또는 남편이 수첩에 중요 사항을 메모하거나 달력에 표시하도록 한다. 시간이 충분치 않다면 이야기를 마친 후 남편이 자주 이용하는 공간, 예를 들어 컴퓨터의 모니터 옆에 이야기 내용을 적은 메모지를 붙여 놓으면 된다.

조금 번거롭겠지만 이런 과정을 거쳐두면, 남편이 "왜 번번이 생사람을 잡는 거야? 당신이 언제 그랬어?"라며 당신을 답답하게 만드는 일이 없어질 것이다.

44 – 아내의 외모가 변해버렸을 때

"지금이 딱 보기 좋아."

나이가 들어도 몸매 좋은 이성에게 눈이 가는 것은 남자나 여자나 모두 마찬가지다. 특히 남자들은 유전자를 많이 퍼뜨리는 본능 때문에, 지긋한 나이가 되어도 자기도 모르게 젊고 아름다운 여자에게 눈길을 보내게 된다. 하지만 집을 지키는 아내는 결혼 생활의 경력이 쌓일수록 점점 더 펑퍼짐해진다. 파수꾼 역할에 충실하고자 하는 뇌 모드 덕분에, 자신을 돌보기보다는 가족을 먼저 챙기는 생활에 자신을 바쳤기 때문이다.

밖에서 젊고 예쁘고 늘씬한 여자들을 보다가 집에 들어온 남편은 아내의 나이 들고 푹 퍼진 모습을 보면 자기도 모르게 바깥 여자들과 비교하게 될 것이다. 굵어진 허리에 나온 뱃살, 우람해진 팔뚝 등으로 무장한(?) 아내를 보면, 아내에 대한 사랑이 변함없다 해도 그 외모만큼은 마음에 걸릴 것이다.

그러나 아내의 달라진 외모를 직접적으로 언급하면 가정의 평화를 깨뜨리게 된다. 늦은 저녁, 밤참을 먹는 아내에게 "그만 좀 먹어. 그러니까 살이 찌지." "거기서 살 더 찌면 어떡할 거야? 가뜩이나 다리도 짧은 주제에 배까지 나오면 아주 보기 좋겠다." 같은 말을 해본 남편들이 많을 것이다. 당신은 농담으로 가볍게 던진 말이었겠지만 아내는 당신의 그 말에 깊은 상처를 입는다.

여자는 할머니가 되어도 사랑하는 남자에게서 자신의 외모를 비하하는 말을 들으면 상처를 받는다. 파수꾼 뇌 모드의 여자는 유전자를 받아 잘 길러내야 하는 신체 기능을 지닌 탓에, 죽을 때까지 자신의 외모는 좋은 유전자를 받아낼 만하다는 환상을 버릴 수 없게 되어 있기 때문이다.

여자는 나이가 들어 자신의 몸매가 젊었을 때와 달라져도 사랑하는 남자에게만은 여전히 섹시하게 받아들여지길 기대한다. 나이 든 아주머니들도 대중탕에서 벗은 몸을 전신 거울에 비춰보며 환상을 즐긴다. 자기가 여전히 좋은 유전자를 받아들일 미끈한 몸매를 가지고 있다는 환상을 확인하고 싶은 본능을 버릴 수 없기 때문이다.

파수꾼 뇌 모드의 여자는 양육의 실질적인 책임을 져야 하기 때문에 '섹시함'으로 자신의 모든 능력을 평가받는다고 믿는다. 따라서 자기를 가장 섹시하다고 봐주어야 할 남편이 그렇지 않다는 사실을 알면 마음이 아프다.

　아내의 몸과 마음이 모두 건강하기를 바라는 남편이라면 농담으로라도 그 몸매를 비하하지 마라. "여보, 나 살쪘지?" "여보, 나 배 나와서 보기 싫지?" 아내가 이렇게 묻더라도 "무슨 말이야. 당신 젊었을 땐 너무 말랐더랬어. 지금이 오히려 더 보기 좋아." "여자는 이렇게 적당히 뱃살이 동글동글해야 섹시한 거야."라고 대답하라. 당신의 말에 아내는 겉으론 입을 삐죽이면서 "피, 거짓말!"이라고 말해도 마음속으로는 당신의 변함없는 사랑을 확인했다고 느낄 것이다.

　기억하라. 여자는 남자의 '솔직함'보다는, 자신이 듣고 싶어하는 말을 들을 때 행복해한다는 사실을.

45 – 남편의 바람기가 걱정될 때

"난 당신 없으면 아무것도 못해요."

일반적으로 남자들은 씩씩한 여자보다는 연약한 여자를 좋아한다. 남자들은 예전부터 가족들의 생존을 책임지는 사냥에 종사해왔기 때문에, 자기가 가정을 통제하고 가족들의 존경을 받는 것이 당연하다고 생각한다. 그래서 가정 안에서도 가족들이 필요로 하는 존재가 되고 싶은 욕구를 가지고 있다.

남자들은 어릴 때부터 가족이 원하는 것을 충족시켜줄 의무가 있다고 학습받으며 자란다. 그에 따라 사랑하는 여자에게 뭔가를 베풀어서 기쁘게 해주었을 때 보람과 행복을 느낀다. 그런데 아내인 당신이 남자의 그런 속성을 이해하지 못해 너무 씩씩하게 남편이 맡아야 할 못질이나 전구 가는 일까지 척척 해내면, 남편은 가정 내에서의

자기 역할을 잃게 된다. 아내 입장에서는 남편을 귀찮게 하지 않으려고 힘들어도 대신 해주었지만, 억울하게 그런 결과를 가져온다. 그러므로 가정 내에서 자기의 역할을 잃은 남편은 자기 집이 남의 집처럼 느껴질 수 있음을 기억해야 한다.

미국 버클리 대학교에서 실시한 조사에 따르면, 부모들은 자녀들이 어려운 일을 잘 끝냈을 때 딸보다 아들을 훨씬 더 많이 칭찬한다고 한다. 이 조사는 남자들은 칭찬받는 것과 인정받는 것을 사랑받는 것과 같은 격으로 취급한다는 결론을 제시했다.

남편이 할 일을 당신이 다 해치우고 그가 할 일거리를 주지 않으면, 남편은 아내인 당신이 자신을 인정하지 않는다고 해석해 자신을 인정해줄 다른 여자를 필요로 하기도 한다. 아내보다 미모나 능력이 훨씬 못한 여자와 바람을 피운 남자들이 하나같이 하는 이야기, "당신은 나 없이 혼자서도 잘 살 수 있지만 그 여자한테는 내가 꼭 필요해."임을 기억하라.

당신이 만약 지금까지 씩씩한 여자로 살아왔다면 남편의 바람기에 신경을 써야 한다. 남편에게 너무 완벽한 서비스를 제공하지 말고, 그에게 가족들을 즐겁게 해줄 수 있는 적당한 일거리를 주어 바람기를 차단하라.

그리고 남편이 게으름을 부리며 못질이나 벽에 액자 거는 일, 전구 갈기 등을 마냥 미루어 답답해도 당신이 먼저 해치우지 말고 남편이

처리할 때까지 기다려라. 그리고 남편이 그 일을 하고 나면 "당신은 우리집 기둥이에요." "당신 없으면 정말 뭐 하나 제대로 돌아가는 게 없다니까." "당신이 이런 일 해주니까 정말 기분 좋아요." 등의 말로 감사의 표현을 하라. 남자에겐 '나는 이 여자에게 꼭 필요한 남자'라는 인식이 중요하니까.

46 – 부부 모임에서 아내가 매너 없이 행동할 때

"저희 집사람이 좀 천진난만하죠?"

집에서는 잘 지내던 부부들이 부부 동반 모임에 다녀온 후 싸우는 광경을 종종 본다. 그런 다툼에는 아내의 비사회적인 행동에 대한 남편의 질책이 원인인 경우가 많다.

파수꾼 역할을 맡은 아내들은 결혼한 지 오래되면 파수꾼의 본분인 살림과 육아에 전념하느라 사회성이 결여된다. 그 때문에 부부 동반 모임에서 타인의 눈총을 받을 만큼 교양 없는 행동을 할 수 있다.

부부 동반 모임에 참석한 아내가 다른 집 여자들에게 "그 옷 어디서 샀어요?" "그 목걸이 진짜예요?" 같은 매너 없는 질문을 해댄다면, 남편은 어떻게 대처하는 것이 좋을까? 주변 사람들에게 민망하겠지만 절대 그 자리에서 공개적으로 "이 사람 왜 이래?" "당신 가만

히 좀 있어." 등의 말로 아내를 면박주지 마라.

파수꾼 뇌 모드의 아내는 공개적인 질타에 이중의 상처를 받을 것이다. 파수꾼 뇌 모드는 잘못을 직설적으로 지적받으면 모욕감을 느낀다. 또한 자기 자신보다 남의 눈을 더 중요시하기 때문에 남편이 공개적인 자리에서 망신을 주면 더 큰 모욕감을 느낀다. 이렇게 이중의 상처를 받은 아내는 속으로는 자신의 잘못을 인정해도 당신이 준 상처 때문에, 당신에게 보복을 하려는 마음에서 당신이 싫어하는 행동만 골라서 해 톡톡히 망신을 줄 수 있다.

이 경우 현명한 남편은 아내를 감싸준다. 부부 동반 모임이라면 그 자리에 참석한 사람들은 대개 아내보다는 당신과 더 친분이 있을 것이다. 그 사람들 앞에서 아내에게 면박을 줘봐야 그들이 당신의 그런 태도를 높이 평가할 리 없다. 당신처럼 당신의 아내를 얕잡아볼 것이고, 그런 아내와 함께 사는 당신 역시 얕잡아볼 것이다.

아내가 커다란 목소리로 남들에게 실례되는 질문을 했다면 당신이 유머러스하게 "이 사람이 호기심이 좀 많죠?" "저희 집사람이 너무 천진난만한 게 흠이랍니다."라는 식으로 감싸주어야 한다.

여자에게 '용서'는 '사랑'과 같은 의미를 갖는다. 남편인 당신이 다른 사람들 앞에서 아내를 감싸주면, 아내는 당신에게 사랑과 감사를 느낄 것이다. 모임에 참석한 다른 사람들 역시 '여자를 아낄 줄 아는 남자'인 당신의 인격을 높이 평가할 것이다.

47 – 부부 모임에서 남편이 다른 여자에게만 친절할 때

"나한테도 그렇게 웃어주면 좋겠어."

    집에서는 걸핏하면 화내고 소리 지르던 남편이 부부 동반 모임에 나가면 전혀 다른 사람이 된다. 결혼 후 당신에겐 단 한 번도 보여준 적 없는 살가운 태도로 다른 여자들에게 친절하게 말을 건네기도 한다. 이런 모습을 본 당신의 반응은? 질투심이 불같이 일 것이다. 그러나 현장에서 그런 감정을 터뜨리는 것은 바보짓이다. 불행하게도 사냥꾼 뇌 모드의 남자들은 아내인 당신이 왜 화를 내는지 이해조차 못할 테니 말이다.

    가정이나 가족보다 사회적 성공을 중요시하는 남자들은, 모임에 참석한 다른 여자들에게 친절하게 대하는 것은 비즈니스의 일종이라고 생각한다. 그런 남편에게 당신이 "도대체 그 여자하고는 무슨 관

계야?" "집에서는 고슴도치처럼 굴더니 그 여자한테는 깎은 배처럼 사근사근하기만 하네?"라며 다그쳐봐야 남편에게선 "이 여자가 왜 이래? 주책 맞게."라는 반응밖에는 돌아오지 않을 것이다. "머릿속에 뭐가 들었기에 생각하는 게 그 수준밖에 안 돼?"라는 경멸의 말이나 안 들으면 다행이다.

남편이 다른 여자에게만 친절을 베풀어 화가 났다면 "뭐 나 같은 여자야 안중에도 없겠지."식으로 돌려서 비아냥거리지 말고, 직접적으로 당신의 기분을 이야기하라. "내가 보기엔 당신이 다른 여자에게만 친절하게 대하는 것 같아. 그럼 내 기분이 어떻겠어? 나한테도 보통 때 그렇게 상냥하게 말해주면 좋겠어."식으로 사냥꾼 뇌 모드가 알아들을 수 있는 직접 화법을 사용하라.

당신이 흥분하지 않고 그렇게 말하면, 남편도 "난 전혀 그런 뜻이 없었어. 당신이 오해한 것 같아." "그래, 알았어. 노력해볼게." 하면서 협조적이 될 것이다.

48 - 아내가 자녀 교육을 좌지우지하려 할 때

"우리 이런 방법을 한번 써보자."

자녀가 어느 정도 성장한 가정의 부부들은 자녀 양육과 교육 문제로 또 다른 갈등 국면에 접어든다. 특히 우리나라는 자녀의 사교육을 둘러싼 문제 때문에 갈등을 겪는 부부들이 매우 많다.

사냥꾼 뇌 모드의 당신은 현대판 사냥터인 사회 생활의 생리를 잘 알기 때문에, 아이를 경쟁력 있게 기르려면 어려서부터 사회라는 들판에서 자연스럽게 풀어 길러야 한다는 소신을 가지고 있을 것이다. 그러나 파수꾼으로 아이를 키우는 것이 자신의 고유 업무라고 믿는 아내는, 현실을 직시해 내 자식을 경쟁에서 이기게 하려면 수단 방법을 가리지 않고 공부를 많이 시켜야 한다는 소신을 가지고 있을 것이다. 이 두 사고의 차이로 충돌을 피하기 어렵다. 그래서 자녀의 학원

선택부터 대학 선택까지 갈등은 지속될 것이다.

아내는 다른 아이들이 다니는 학원마다 내 아이를 보내야 안심이 되지만, 남편은 그렇게까지 아이를 들볶아야 하나 싶어 짜증이 날 것이기 때문이다. 그러나 아이 양육은 파수꾼인 아내 소관이기 때문에, 아내가 "당신은 요즘 다른 애들이 어떻게 공부하는지 알기나 해? 우리집 애처럼 아무것도 안 하는 애도 없어. 모르는 소리 하지 말고 돈이나 많이 벌어. 학원비가 얼마인 줄이나 알아?"라고 반박하면 할 말이 없을 것이다. 그럼에도 불구하고 당신이 자기 주장이 강한 남자라면 "아니, 당신은 왜 남의 말을 무시하고 자기 마음대로 해? 쟤가 어디 당신 혼자 낳은 자식이야?"라며 화를 낼 것이다.

아내의 양육 방법에 시비를 걸지 않고 방치하거나 시비를 거는 두 방법 모두 좋은 해결책이 못 된다. 파수꾼 뇌 모드의 아내에게 자녀 양육 문제는 목숨 걸고 지켜야 할 가장 중요한 사명이다. 여자의 자녀 양육에 대한 집착은 사냥꾼의 사냥에 대한 집착과 마찬가지의 비중을 갖는다. 그렇지만 자녀 양육을 모두 아내에게만 맡기면 안 된다. 특히 아들의 경우 어머니의 파수꾼 뇌 모드와 충돌하면 큰 상처를 받고 그로 인해 심리적으로 위축돼 불행해질 가능성도 있어, 아버지가 어머니와의 충돌을 완화시키는 완충지대가 되어주어야 한다.

그렇다면 어떻게 해야 당신이 아내의 고유 영역인 자녀 양육에 아내와의 충돌을 피하면서 참여할 수 있을까? 일단 양육에 대한 아내의 집착을 비난하지 않으며 접근하면 된다. 아내의 의견을 강압적으로 꺾으며 "학원은 절대 못 보내!"라고 말하는 대신 "꼭 학원에 다녀야 성적이 오를 거라는 생각에 난 반대야. 우리 애는 혼자서도 할 수 있을 거라고 믿어. 그러니까 일단 학원 수를 하나씩 줄여가면서 애가 어떻게 적응하는지 지켜봅시다."라며 우회적으로 말하되 구체적 대안을 제시하면 아내를 설득할 수 있다.

가장 좋은 방법은 아버지가 적어도 일주일에 한 번 정도 시간을 내 자녀와 이야기를 나누는 것이다. 학교 생활, 성적에 대한 고민, 공부 방법, 친구 문제 등에 대해 대화를 나누다 보면, 당신이 아내에게 아이의 생각을 전하는 메신저 역할을 맡을 수 있을 것이다.

처음에 아내는 "당신도 애하고 똑같아. 공부하기 싫어하는 애한테 놀아나면 어떡해?"라며 푸념할 것이다. 하지만 당신이 아이에 대해 아내보다 아는 것이 많아지면 아내도 자신의 양육 방법만을 고집할 수는 없을 것이다.

49 - 남편이 자녀의 교육비를 아까워할 때

"우리 함께 고통을 분담해봐요."

아이에게 한창 사교육비가 많이 들어갈 때 전업 주부들은 자녀의 학원비를 벌려고 부업을 하거나 심지어는 유흥업소에 나가기도 한다는 소식이 심심찮게 들려온다. 별도의 경제력이 없는 아내 혼자 비싼 학원비를 감당할 수도 없고, 남편은 '학원 많이 보내는 건 낭비'라며 협조를 해주지 않아서 생긴 일들이다.

아내는 행여 아이가 공부를 잘해 특정 학교 준비반에라도 들어가게 된 상황이면 더 한층 사교육을 시켜야 한다는 의무감에 시달린다. 남편에게 협조를 구해보지만 대부분 "뭐? 얼마라고? 그거 순 상술이야. 굳이 그렇게 비싼 돈을 주고 공부해야 그 학교에 갈 수 있는 것도 아닌데."라며 산통이나 깨기 일쑤다. 남편은 아이 공부 뒷바라지를 잘한 당신의 공로를 인정하기는커녕 사교육비를 증가시키는 사회를 비난만 해 당신을 속상하게 할 것이다.

이럴 때 아내인 당신이 화를 내면서 "다른 집 아빠들은 그 학교 준비반 들어간 것만으로도 좋아서 난리라더라. 당신은 어떻게 돈 생각을 먼저 하냐?"라고 말하면 남편의 자존심을 상하게 해서 문제만 복잡하게 키울 수 있다. 남편은 아내인 당신이 서열을 무시하고 자기를 조종한다고 생각해 본질을 잊은 채 더 심하게 화를 낼 것이기 때문이다. 결과적으로 일은 해결하지 못하고 부부 사이에 감정의 골만 깊어질 수 있다.

이럴 때는 남편이 알아들을 수 있는 말로 설득하는 것이 현명하다. "당신이 직장에서 고생하는 거 나도 잘 알아. 하지만 아이의 장래를 위해서 우리가 좀 참을 수 있잖아. 내가 생활비에서 조금 더 아껴볼게. 당신도 힘들겠지만 조금 보태줘."라고 논리적인 설득을 하는 것이다. 그러면 남편은 의외로 선선히 협조할 수 있다.

50 – 외식에서 자기 취향만 고집하는 남편에게

"우리 오늘은 분위기 한번 잡아보자."

모처럼 부부가 오붓하게 외식하러 나가게 되었다. 파수꾼 뇌 모드의 당신은 분위기 좋고 인테리어도 멋있는 레스토랑에 갔으면 좋겠는데, 남편은 자기가 좋아하는 꾀죄죄한 분위기의 설렁탕 집만 고집한다. "맨날 이런 데 올 거면 외식은 왜 하자고 그래?" 이런 불평이 절로 나오는 당신. 하지만 이런 투덜거림으로는 남편의 태도를 바꿀 수 없다.

나이 들고 중년이 되면 사냥꾼 뇌 모드의 남자들은 사냥에서 실패의 경험이 쌓이면서 사냥꾼의 패기를 잃는다. 그러나 남자의 속성은 젊었을 때와 똑같아서, 오히려 사소한 일까지 자기 마음대로 하려는 이상한 고집이 생긴다. 자기 마음대로 식당이나 메뉴를 정하는 것도 이런 고집의 산물이다.

  안락함을 중요시하는 파수꾼 뇌 모드의 여자들은 외식을 한 번 해도 분위기 있는 식당에서 하고 싶어한다. 하지만 남자들은 사냥꾼 시절에 그래왔듯 아무 데서나 실속 있는 음식으로 배만 채우면 행복하다고 생각한다. 부모의 양육 방법에 따라 여자보다 더 아늑한 식당을 선호하는 남자들도 있긴 하지만, 보통의 남자들은 분위기 있는 식당은 부담스러워하고 값싸고 실속 있는 식당을 선호한다.

  당신이 이런 남편의 고집을 꺾고 남편과 당신이 원하는 장소에서 외식을 하고 싶다면, 투덜거리는 것을 삼가고 "우리 이번에는 분위기 있는 스테이크 집으로 한번 가봐요."라고 당신 의견을 직설적으로 말해보라. 아마 잘 알아들을 것이다. 물론 당신 남편이 "그런 데는 비싸기만 하고 맛도 없어. 그런 델 가려면 집에서 삼겹살이나 구워 먹는 게 낫지."라고 대답하면서 당신의 의견을 묵살할 수도 있다. 하지만 적어도 당신이 어떤 곳에 가기를 원하는지는 기억할 것이다. 그러다 보면 언젠가는 당신이 원하는 곳으로 외식 장소를 옮길 것이다.

  남편의 생각을 바꾸려면 "가끔은 내가 가고 싶은 식당도 갔으면 좋겠어."라는 식으로 우회적으로 말하는 것이 좋다. 그러나 우회적인 말을 잘 못 알아듣는 사냥꾼 뇌 모드를 감안해서 "친구들이 그러는데 옆 동네에 분위기 좋은 레스토랑이 생겼대. 거기 한번 가봤으면 좋겠어."라며 직접적인 보충 설명을 덧붙여두어야 한다.

결혼한 지 여러 해가 흘렀어도 남편이 여전히 당신을 잘 이해하지 못하는가? 만약 그렇다면, 남편만 탓할 것이 아니라 당신이 남편에게 어떤 방식으로 의사를 전달하는지 한번 생각해보라. 효과적인 커뮤니케이션은 양쪽 모두의 노력을 필요로 한다.

51 - 아내가 전화 통화를 너무 오래할 때

"당신 요즘 뭐 속상한 일 있어?"

중년의 나이에 이른 당신의 아내가 거의 매일 빠짐없이 누군가와 긴 통화를 하는가? 그렇다면 이마를 찌푸리고 아내에게 잔소리하기 전에, 혹시 당신이 아내에게 상처를 준 적은 없는지부터 되짚어보라.

파수꾼 뇌 모드의 여자들은 의사 표현보다 감정 표현을 위해 말을 한다. 그래서 통화를 시작하면 상대에게 자신의 감정을 세세히 설명하고 공감을 얻어야 하기 때문에 많은 설명이 필요하고 통화가 길어질 수밖에 없다.

당신의 아내가 매일 누군가와 긴 통화를 하고 있다면 아내는 가슴에 쌓인 상처를 치료받고 싶은 심정일 것이다. 가만히 생각해보면 이미 당신 아내는 남편인 당신에게 여러 번 자신의 상처에 대해 우회적으로 하소연했지만, 당신은 아내의 언어를 이해하지 못해 받아주지 못했을 것이다. 그래서 아내는 당신 대신 동창이나 친정 식구들에게 위로를 받으려고 긴 통화를 하고 있을 것이다.

당신이 만약 그런 아내에게 "여자가 할 일 없이 전화통이나 붙들고 앉았어."라며 비난하면 아내는 기다렸다는 듯 당신을 향해 화를 터뜨릴 것이다. 그동안 당신에게 말하지 않고 쌓아두었던 케케묵은 옛일까지 들춰내며 소리를 지를 것이고, 당신은 그런 아내의 억지를 참을 수 없어 더 큰 소리를 내 말다툼을 벌이게 될 것이다.

만일 아내가 마음속에 쌓인 화를 제대로 풀지 못하는 내성적인 성격이라면, 이미 몸과 마음에 병을 얻었거나 얻기 직전일 수 있다. 그러니 아내가 전화를 통해 감정을 풀어내는 것을 부정적으로만 봐서는 안 된다. 아내의 통화 시간이 너무 길고, 횟수도 너무 잦아서 못 견딜 지경이면, 화를 내는 대신 아내의 상처를 찾아내 정화시켜야 한다.

그런데 아내가 당신에게 뭔가를 하소연하더라도 아내의 고민에 대한 해결책을 제시해야 할 의무감을 가질 필요는 없다. 아내는 단지 자신의 말을 그저 묵묵히 들어주면서 공감을 표시해주는 것만으로도 쌓였던 울분을 풀고 감정을 정화하는 파수꾼 뇌 모드를 가지고 있다. 그래서 당신이 그 일만 주기적으로 해주어도 아내의 통화 시간은 저절로 짧아질 것이다.

아내의 통화가 길어진다면 다정한 목소리로 "여보, 당신 요즘 뭐 속상한 일 있어? 나랑 차 한잔 하면서 이야기 좀 할까?"라고 말해보라. 아내를 감동시킬 수 있을 것이다.

52 – 파워가 없어진 남편에게 아내가 불평을 늘어놓을 때

"그동안 내가 미안했어."

'사오정'이니 '오륙도'니 하는 말이 유행하며 '평생 직장'이란 말도 무의미해졌다. 이런 사회 환경에 따라 자의 반 타의 반으로 삶의 터전인 사냥터를 잃고 좌절하는 남자들이 많아졌다. 만약 당신이 그런 처지라면 아내한테까지 무시당하는 느낌을 받을지 모른다. 전에 없이 거친 말로 불평을 털어놓는 아내 말이 귀에 또렷하게 들려올 것이기 때문이다.

사냥꾼 뇌 모드의 남자들은 사냥터, 즉 직장이 사라지면 삶 그 자체의 의미를 잃는다. 그런데 아내마저 사냥터를 잃은 당신을 위로하기는커녕 무시하는 발언을 서슴지 않는다고 치자. 당신은 죽음보다 가혹한 불행의 늪에 빠진 기분이 들 것이다. 그러나 파수꾼 뇌 모드

의 특성을 이해한다면 아내의 불평이 꼭 당신을 무시해서가 아님을 알게 될 것이다.

파수꾼 뇌 모드의 여자들은 누적된 화를 모아서 한꺼번에 표출한다. 그동안 아내는 남편인 당신이 너무 바빠 화를 표출할 기회가 없었다. 당신도 직장에만 전념하느라 아내의 쌓인 화를 풀어준 적이 없을 것이다. 아내 입장에서는 이제야 남편이 직장을 떠나 한가해졌으니 그동안 쌓인 화를 풀 기회를 얻은 셈이다.

이때 남편은 '돈 못 번다고 마누라가 나를 무시하는구나.' 라며 자기를 비하하기 쉬운데, 아내에게 그런 표현은 삼가는 것이 좋다. 그러면 아내는 자신이 화내는 이유조차 모른다고 받아들여 더욱 화를 낼 것이다.

남편인 당신이 판단할 때는, 삶의 근거인 사냥터를 잃고 의욕을 상실한 자신의 처지보다 가슴에 화를 쌓아두고 살아온 아내의 처지가 훨씬 나아 보일 수 있다. 그래서 당신을 이해해주지 않는 아내가 야속할 수 있다. 하지만 마음에 쌓인 화를 토해내지 못하고 쌓아두면 심각한 병이 될 수 있다. 그러므로 아내로서는 자신의 화를 풀어내는 일이 더 시급하다.

그러니 일터를 떠나 힘이 빠진 당신에게 심한 말을 하는 아내를 원망하지 마라. 아내는 지금 당신을 무시해서 그러는 것이 아니다. 오랫동안 당신에게 하고 싶었던 말을 이제야 털어놓고 있는 것이다.

아내의 원망과 불평이 받아들이기 힘들어도 일단은 "미안해." "당신이 그렇게 힘든 줄은 몰랐어." "그땐 내가 잘못했어."라고 말해주는 것이 현명하다. 아내는 남편의 그 말 한 마디만으로도 평생 쌓였던 화가 풀려 누구보다 당신의 처지를 잘 이해해줄 것이다.

53 – 남편이 짐스럽게 느껴질 때

남자들에게 발언권은 곧 파워임을 이해하라

　퇴직한 남편이 짐스럽게 느껴진다고 고백하는 아내들이 의외로 많다. 평생 바쁘게 일하느라 집 밖에서 많은 시간을 보내던 남편이 갑자기 한가해지면 아내로선 그 모습이 몹시 낯설다. 일단 대낮에 남편이 집 안을 오가는 것을 보면 시야부터 답답해진단다. 시간이 많아진 남편이 이것저것 살림에 간섭하면서 아내가 없으면 끼니도 못 챙겨 먹는 것을 보면, 아내 입장에서는 직장에서 집으로 돌아온 남편은 귀찮은 존재일 수 있다.

　하지만 그렇다고 해서 남편을 무시하다가는 자칫 불행을 불러들일 수 있다. 사냥꾼 뇌 모드의 남자들은 항상 자신은 가장으로서 최고의 대접을 받을 권리가 있다고 믿는다. 사냥터를 잃었다고 해서 짐짝 취급을 받으면 '내가 힘이 없다고 무시한다'는 자격지심이 생겨서 사춘기 아이들보다 더 큰 사고를 칠 수 있다. 그렇지 않아도 남자들은 사냥꾼 뇌 모드와 함께 유전자를 퍼뜨리고자 하는 신체 기능을 지니고 있어 여자들에 비해 가정에 대한 책임감이 부족하다. 그래서 자존심이 상하면 언제든 아내를 떠날 수도 있고, 도박이나 환락에 빠져 가산을 탕진할 수도 있다.

예전에 미국 신문에 여러 남자들의 정부 노릇을 한 여자가 쓴 글이 실렸다. '외도의 전문가'인 그녀는 아내들에게 충고했다. 남편이 한눈팔지 않게 하려면 밉더라도 존중해주고, 하찮은 말도 들어주라고. 그녀는 당시 변호사, 교수 같은 지도층 인사 다섯 명과 동시에 만나는 중이었는데, 그 남자들의 바람 피우는 이유는 아내가 들으면 우습게 여길 말을 진지하게 들어줄 상대가 필요했기 때문이었다. 그 여자는 남자들 역시 수많은 고민을 안고 산다고 말했다. 남자들은 늘 경쟁 사회에서 뒤지면 어떡하나, 가족이 자기를 우습게 여기면 어떡하나 등의 고민을 안고 살지만, 남자는 약한 모습을 보이면 안 된다는 사회적 억압 때문에 고민을 털어놓을 곳이 없다는 것이다.

도박에 빠지거나 바람을 피우는 남자들은 대개 아내와는 절대로 말이 통하지 않는다고 말한다. 모처럼 아내에게 진지하게 자신의 고민을 털어놓으면 "그러게 왜 평생 그러고 살아?" "내가 당신 그럴 줄 알았어." 등의 말로 핀잔을 주거나, 남편의 말을 끊고 독단적인 결론을 내버린다는 것이다. 그런 반응을 접한 남편은 '이 여자와는 죽어도 말이 안 통해.' 라고 생각하고 집 밖으로 나돌게 된다.

남자들은 매일 사회라는 사냥터에 나가 가족들을 먹여 살릴 식량을 구해와야 한다. 그런 삶은 여자들이 상상하기 어려울 만큼 치열하다. 그럼에도 불구하고 남자들에게는 그곳이 안식처다. 그 때문에 직장을 버리고 집으로 돌아온 남자는 사소한 일로도 큰 상처를 받을 수 있다. 남녀의 뇌 모드는 서로 완전히 다르다. 하지만 인간은 성별을 뛰어넘는 공통점도 많이 가지고 있다. 그 중에서도 가장 큰 공통점은 불완전한 존재로서 절대 완벽하지 못하다는 것, 그리고 이성으로부터 사랑받기를 원한다는 것이다.

아내인 당신은, 사냥터를 잃고 당신에게만 매달리는 남편이 귀찮겠지만, 남편의 말을 무시하면 뒤늦은 가정 파탄을 불러올 수도 있다. 사냥꾼 뇌 모드의 남자들은 자기가 말하는 동안 파수꾼 뇌 모드의 여자가 일방적으로 방향을 예측하고 엉뚱한 질문을 해 자기 말을 막으면 '대화가 안 통한다'고 생각한다. 남자들은 발언권을 자신이 가진 힘이라고 생각하기 때문에, 사회적인 파워가 없어졌을 때 아내가 남편의 말을 차단하면 모욕당했다고 느낀다.

남녀의 커뮤니케이션을 다룬 미국의 책 《성 차이를 뛰어넘는 대화법》에서는 이렇게 말한다.

"남자들은 서열에 따라 중요한 사람일수록 더 많은 발언권을 가지고 있다. 그 때문에 남자들은 여자가 자기 말을 들어주는 것을 남자로서의 권위를 인정해주는 것으로 보며, 자기는 중요한 사람이므로 모든 사람이 자기 말을 경청해야 한다고 믿는 자기 중심적 사고방식을 가지고 있다."

남자들에게 '말하기는 곧 파워'다. 남편이 사회적인 힘을 잃었거나 직장 때문에 마음의 상처를 입었다면, 오히려 남편 말에 더 열심히 귀를 기울여주어야 한다. 만약 정말로 남편의 말이 듣기 싫어도 열심히 듣고 있다는 표현 정도라도 해주어야 한다.

"응, 그래." "그랬구나." "그래서 어떻게 됐어?" 등의 말로 가벼운 맞장구를 치되 남편의 말을 가로막지는 마라. 지금 당신이 할 일은 말하는 것이 아니라, 남편의 말에 귀를 기울이는 것이다.

54 - 아내가 남편을 우습게 여길 때
후천적 카리스마를 길러라

남자들은 누구나 카리스마 있는 남자가 되고 싶어 한다. 그런데 요즘에는 여자들이 사냥터를 넘나들며 뇌 모드가 파수꾼에서 사냥꾼으로 빠르게 바뀌면서, 가정 내에서 남편의 카리스마가 먹히기는커녕 도리어 아내로부터 무시당하며 산다고 하소연하는 남자들이 늘고 있다.

결혼한 지 오래되면 곱던 아내의 목소리는 장독 깨지는 소리로 변한다. 아이들을 닦달하고 남편과 옥신각신하며 살아온 결과다. 남편이 무슨 말만 하면 윽박지르기 일쑤다. 그런 아내가 다른 남자, 하다못해 아파트 경비 아저씨나 길에서 우연히 만난 남편 친구에겐 상냥하기 그지없는 태도로 돌변한다.

이런 모습을 보는 남편은 자신이 아내에게 무시당하고 있다는 기분이 들 것이다. "당신은 가정 있는 여자가 태도가 그게 뭐야? 왜 배시시 웃고 그래?"라며 생트집을 잡기도 한다. 그러나 그런 말을 해봐야 아내에게선 "웃겨. 남자가 별걸 다 갖고 트집이야."라는 반응만 돌아온다.

파수꾼 뇌 모드의 아내는 자기 자신보다 타인과의 관계를 더 중요시한다. 아내가 다른 사람들 앞에서 상냥하게 말하는 건 단지 주변 사람들과의 관계를 더 고려하기 때문이다.

하지만 아내가 당신에게 함부로 대하는 수위가 좀 심하다 싶을 때는, 혹시 남편인 당신의 카리스마에 문제가 있는지 점검해볼 필요가 있다. 파수꾼 뇌 모드의 아내는 먹이를 사냥해오는 남편에게 복종하도록 학습되어 있다. 하지만 남편이 돌봐줘야 할 어린 동생같이 느껴지고, 결혼한 지 오래되면 아내의 마음속 깊은 곳에서부터 남편을 무시해도 된다는 의식이 깃들 수 있다.

그렇다면 카리스마 있는 남편이 되려면 어떻게 해야 할까? 터프한 영화 배우들처럼 목소리를 낮게 깔고 말을 짧게 끊어야 하는 걸까?

카리스마를 되찾으라고 해서 갑자기 아내에게 독재자처럼 굴라는 말이 아니다. 이미 남편을 무시하는 아내에게 그런 것은 통하지도 않는다. 그러나 평소 외식하러 갈 때 아내가 "오늘은 뭐 먹을까?" 물을 때마다 "몰라. 아무거나 먹어." "글쎄, 뭐가 좋을까?"라며 우유부단하게 대답했다면, 당신의 그런 태도만 바꾸어도 파수꾼의 유전자를 가진 아내는 당신을 달리 볼 것이다. "오늘은 날씨도 좋은데 모처럼 좀 멀리 나가보자."라고 제안해서 아내가 따라오도록 이끌어보라.

카리스마는 상대가 저절로 따라오게 만드는 위엄 같은 것이다. 당신이 원래 우유부단하거나 소심한 성격을 가져 카리스마와 거리가 멀다 해도 얼마든지 후천적으로 키울 수 있다.

역사적으로 카리스마를 인정받는 나폴레옹도 후천적으로 그 카리스마를 키운 사람이다. 그는 당시 프랑스의 인기 배우였던 탈마의 눈빛 연기를 익히고, 남자다운 카리스마가 느껴지는 단호하고 간결하게 말하는 연습을 하루도 거르지 않았다고 한다.

아내에게 더 이상 무시당한다는 느낌을 받기 싫으면, 아내에게 싫은 소리를 하기 전에 먼저 자신을 바꿔보는 것이 현명하다. 우선 우유부단한 태도를 버려라. 아내가 안심하고 당신이 이끄는 대로 따라올 수 있도록 믿음직한 남자가 되는 것이다. "글쎄." "당신 맘대로 해." 하는 식의 태도를 버리고 귀찮아도 당신이 제안하라.

"난 이렇게 하는 게 좋을 것 같아."

"이번엔 내 말대로 이것부터 먼저 하는 게 좋겠어."

55 - 남편이 자식들 앞에서 무시할 때

"다음엔 둘만 있을 때 이야기해줘."

아이들이 있건 없건 아내에게 버럭 소리를 지르는 남자들이 있다. 출근하는데 셔츠가 다려져 있지 않거나, 입고 갈 양복을 미처 세탁소에서 찾아놓지 않았다며 노발대발하는 것이다. 자식들 앞이건 남들 앞이건 가리지 않고 남편이 이렇게 화를 내면, 아내는 남편에게 무시당한다는 느낌을 지울 수 없다.

사냥꾼 뇌 모드의 남자들은, 밖에 나가서 돈 벌어다 주는 것으로 가족들에게 할 일을 다 했다고 생각한다. 그래서 걸핏하면 가족들에게 큰 소리를 친다. 게다가 사냥꾼 뇌 모드의 남자들은 감정을 직설적으로 표현한다. 자녀들이 아버지의 태도를 보고 배운다는 사실을 잊고, 그 앞에서 아내에게 함부로 대하기도 한다.

남이 자기를 어떻게 볼 것인지 크게 의식하는 파수꾼 뇌 모드의 아내는, 아이들 앞에서 남편에게 모욕을 당하면 이중의 상처를 입는다. 하지만 이럴 때 그저 참기만 하면 남편은 아내가 상처를 입었는지조차 알지 못한다. 따라서 지금부터라도 남편이 자식들 앞에서 무시하면 참지 말고 자기 의사를 분명히 전해라.

아이들 앞에서 "당신이 어떻게 나를 이렇게 대할 수 있어? 나를 사람으로 보기나 하는 거야?"라고 분통을 터뜨리라는 것이 아니다. 이 방법은 사냥꾼 뇌 모드인 남편에게 먹히지도 않는다. 조용히 그리고 논리적으로 당신의 의견을 말해야 전달된다.

"당신이 아이들 앞에서 나를 무시하는 태도로 화를 내면 아이들도 나를 무시하잖아. 그러니까 나한테 할 말이 있으면 둘만의 자리에서 이야기해줘."

이런 이야기는 집에서 하는 것보다는 남편 직장 근처의 분위기 있는 카페로 찾아가서 하는 편이 더욱 효과적이다. 가정이라는 테두리 안에 있는 부부는 서로에 대한 긴장감이 일지 않아 상대편 말을 귀담아듣기 힘들기 때문이다.

남편이 "여자가 살림 하나 제대로 못하고 뭘 하는 거야?"라며 걸핏하면 아이들 앞에서 화를 내는가? 그렇다면 집 밖에서 남편을 만나 이렇게 이야기해보라.

"내가 살림하는 방법이 당신 마음에는 들지 않을 수도 있어요. 하지만 아이들 보는 앞에서 그렇게 말하면 나는 모욕당한 것 같은 기분이 되거든요. 당신이 그러면 아이들도 엄마를 우습게 보지 않겠어요? 다음부터는 그런 말을 하고 싶으면 아이들이 없을 때 해줘요. 나도 고칠 건 고치도록 노력할게요."

대부분의 부부 싸움은 서로 갈라서려고 하는 것이 아니라 둘이서 좀 더 잘 살아보려고 하는 것이다. 따라서 그런 생산적인 싸움이라면 서로의 뇌 모드를 파악하고, 상대가 상처를 입지 않는 대화로 바꾸어야 원하는 목적을 얻을 수 있다.

56 - 아내가 동창 모임에 다녀온 후 남편에게 불평을 늘어놓을 때

"당신이 화날 만하네."

한창 젊어서 바쁠 때는 남자나 여자나 동창회에 나갈 겨를이 없다. 특히 여자들은 아이들이 어릴 때는 외출마저 힘이 든다. 그래서 여자들은 아이들이 어느 정도 자라고 살림도 안정이 되면, 자신을 되찾고 추억에 젖어보고 싶어 동창 모임을 찾게 된다.

문제는 중년 이후에는 같은 동창이라도 빈부의 격차가 심해져서, 모임에 다녀온 여자들이 마음에 상처를 입기 쉽다는 것이다. 학교 다닐 때는 공부도 못하고 별 볼일 없던 친구가 부잣집에 시집가 머리부터 발끝까지 명품으로 휘감고 나오거나, 놀 것 다 놀며 뺀질거렸던 친구를 모임이 끝나자 그 남편이 외제 차로 모셔간다면 상대적인 박탈감을 느낄 수밖에 없다.

그런 동창 모임에 다녀온 아내는 남편에게 모임에서 기분 나빴던 일을 털어놓으며 툴툴거린다. "아유, 걔는 아주 명품으로 휘감았더라. 키가 작아서 하나도 안 어울리면서." "돈 좀 있다고 어찌나 잘난 척하는지 정말 아니꼬와서 못 보겠더라."

아내가 남편인 당신에게 이런 말을 털어놓으면 당신은 어떤 반응을 보이는가? 혹시 "나랑 같이 사는 게 그렇게 억울해?" "그래, 그 잘난 명품 하나 못 사줘서 미안하다, 미안해."라며 화를 내지는 않는지.

아내가 당신에게 동창들에 대한 푸념을 늘어놓는 것은, 부자가 아닌 당신과 함께 사는 것이 억울하다거나 자기도 명품을 갖고 싶어서가 아니다. 그저 자기가 모임에서 느꼈던 분노를 당신과 함께 나눠 갖자는 것이다. "진짜 별 볼일 없었는데, 남편 하나 잘 만나더니 완전히 인생 역전이더라."라는 아내의 투덜거림에 "그래? 그럼 당신도 잘난 남자랑 결혼하지?"라고 정색하지만 않으면 얼마든지 아내의 기분을 맞춰줄 수 있다.

아내가 동창회에 다녀온 후 부자가 되어 거들먹거리는 친구의 흉을 보면 이렇게 대답하라.

"당신도 얼마든지 부잣집에 시집갈 수 있었는데 나 만나서 고생만 하네. 미안해. 그런데 그 친구는 좀 심했다. 당신이 기분 나쁠 만하네. 돈만 많으면 뭐 해. 교양이라곤 눈곱만큼도 없는데."

그럼 당신의 아내는 금세 동창들에게서 받은 스트레스를 풀고 다시 당신의 행복한 아내로 돌아올 것이다. "아냐, 여보. 난 명품 같은 건 하나도 안 부러워." "아이구, 그 친구 남편은 돈만 많지, 바람 무척 피우면서 속 썩이나 보더라고."라며 당신 말에 맞장구를 치면서.

그러니 아내의 불평 앞에 "여편네들이 쓸데없이 모여서 헛소리들이나 하고. 다음부턴 그 따위 동창회는 아예 가지도 말아!"라고 소리를 지르는 것은 어리석다. 당신의 그런 태도는 아내가 '나는 말 안 통하는 남편과 사는 불행한 여자'라고 생각하게 할 뿐이다.

57 - 침착하게 대화를 못하는 남편에게

요점을 추려 간단히 말하라

당신 남편이 당신과 대화를 나눌 때마다 진득하게 앉아서 듣지 못하고 일어섰다 앉았다 하면서 신경 쓰이게 하는가? "무슨 남자가 이렇게 채신머리없이 왔다 갔다 하냐? 정신 사납게."라고 불평하기 전에 당신 자신의 언어 습관을 점검해보라. 과연 남편의 사냥꾼 뇌 모드에 맞게 요점만 간략하게 정리해서 말하고 있는지. 혹시 당신은 요점보다는 요점으로 가기 전의 상황 설명에 더 많은 시간을 쏟고 있지는 않는지.

사냥꾼 뇌 모드의 남자들은 한 곳에 오래 앉아 있는 일이 힘들다. 사냥꾼 뇌 모드에는 움직이는 목표물을 겨냥해 단번에 성패를 가린 후 다른 장소로 이동하라는 지시문이 새겨져 있다. 따라서 남자들

은 여자가 너무 세세히 본론 없는 이야기들을 길게 늘어놓으면 아예 듣기를 포기하고 가능한 한 빨리 그곳을 빠져나가야 한다는 생각만 한다.

남편이 당신과 이야기를 나누면서 침착하게 앉아 귀를 기울이지 못하고 서성일 때가 많다면, 일단 남편에게 다른 남자보다 강한 사냥꾼 기질이 있음을 인정해야 한다. 그리고 가급적 짧은 시간 안에 요점만 딱 집어 말해야 한다.

당신의 말하는 방법을 개선할 생각은 하지 않고 남편에게만 "당신은 왜 잠깐도 가만히 못 앉아 있어? 당신이 애야?" "내 말이 우스워? 왜 이렇게 산만해?"라고 핀잔을 주면, 남편은 태도를 고치기는커녕 사냥꾼 뇌 모드 특유의 '네가 감히 날 조종하려고?'라는 반발심만 일어 더 엇나갈 수 있다.

만약 당신이 노력해도 '요점만 간단히 말하기'가 잘 안 되면, 중요한 말을 할 때마다 남편에게 사전에 양해를 구하는 것이 좋다. "내가 말할 때 당신이 일어나서 서성거리면 불안해서 말을 하기 힘들어. 미안하지만 내 말이 끝날 때까지는 한 자리에서 들어주면 좋겠어."라고 말이다. 그리고 요점만 간단히 말하기를 몸에 익히기 위해서는, 말할 내용을 미리 글로 써서 정리해두는 방법이 효과적이다.

58 - 아내의 잠자리 요구가 겁날 때
접촉보다는 마음을 전하라

사냥꾼 뇌 모드와 유전자 확산 신체 기능을 가진 남자들에게 성적 파워는 거의 생명과도 같다. 그래서 남자들은 성적인 능력으로 사회생활 전반의 능력을 가늠한다.

익히 알려져 있듯이, 남자들은 10대부터 20대 때 성적 욕구가 가장 왕성하고, 임신과 양육의 의무를 가진 여자들은 중년기에 성적 욕구가 가장 왕성하다. 이러한 부부의 성적 욕구 불균형은 중년 이후에 새로운 갈등 요인이 될 수 있다. 특히 성적 욕구가 저하되는 남자들은 이러한 불균형에 큰 부담을 느낄 수 있다. 하지만 남편인 당신이 아내의 성적 욕구의 실체를 안다면 지레 겁먹을 필요가 없다.

여자들은 성관계에서 삽입보다 감정적 교감에 더 큰 만족을 얻는다. 남자가 자신을 사랑하고 있다는 사실을 확인하는 것만으로도 성적인 만족을 얻을 수 있다는 말이다. 성기의 '크기'나 '힘'은 남자들이 생각하듯 여자들이 성적 만족을 얻는 결정적 요소는 아니다.

이런 결론은 이미 여러 연구에서 확인되었다. 미국의 잡지 《맥심》에서 여성들을 대상으로 "얼마나 작은 것이 '너무 작은' 것인가?"라는 설문을 실시한 적이 있다. 여기에 응답한 여성들 중 너무 작아서 문제였다고 답한 사람은 단 한 명도 없었다. 《맥심》은 여자가 남자와의 성관계에서 불만족을 느끼는 원인은 사이즈가 아니라 상대의 기분을 고려하지 않은 움직임, 여자가 모멸감을 느낄 정도의 일방적인 행동, 테크닉과 경험 부족, 섹스 자체보다는 '폼'을 잡는 데 더 신경 쓰는 행동 등이라고 결론 내렸다.

대화를 나눌 때 상대편을 고려해야 교감이 일듯, 성관계도 그렇다. 남자가 지레 불안해하고 자기 멋대로 행동하면 교감이 일 수 없는 것이다. 그러므로 아내의 성적 욕구를 반드시 '육체적'으로 만족시켜야 한다는 강박관념을 버리자. 그러면 성관계에 가장 중요한, 여유 있는 마음과 유연한 몸을 유지할 수 있다.

말로 나누는 대화만 대화가 아니다. 부부 간의 성관계는 가장 깊이 있는 대화다. 따라서 성관계에서 가장 중요한 포인트는, 아내에게 "난 당신을 언제나 변함없이 사랑해."라는 사실을 전하려는 마음이다.

59 – 남편이 잠자리 요구를 회피할 때

"우리 분위기 한번 바꿔볼까?"

중년에 접어들어 성 기능에 자신을 잃는 남자들이 많다. 그런데 솔직하게 아내에게 고민을 털어놓는 남자는 드물다. 자존심이 이를 허락하지 않기 때문이다. 그러다 보니 아내가 은근히 요구해오면 "오늘은 너무 피곤해." "내일 일찍 나가봐야 해." 등의 핑계를 대며 돌아눕게 된다. 아내 입장에서는 성적 욕구를 혼자 해결할 수 없기 때문에 남편에 대한 불만이 눈덩이처럼 불어나게 된다.

성적인 욕구도 마음속의 분노와 마찬가지로 적절하게 해소되지 못하고 쌓이면 몸과 마음의 병을 유발할 수 있다. 그렇다고 해서 아내인 당신이 이 문제를 풀어보려는 마음에 가뜩이나 자신감을 잃은 남편에게 노골적으로 불만을 털어놓거나 남편의 성적 능력을 의심하는 말을 하면 오히려 문제만 악화시킬 것이다.

  이럴 때엔 용기 있게 침실 분위기를 바꿔보는 것이 좋다. 동물 세계에서는 같은 암컷과는 한 번 이상 관계를 맺지 않는 수컷들이 많다. 남자들에게도 다분히 이런 동물적인 속성이 남아 있다. 많은 남자들이 몇 명의 여자와 성관계를 가졌는가를 자랑삼는 것이 그 증거다. 남편의 성적 능력에 문제가 있다고 판단되면, 수컷의 이런 속성을 이용해 남편이 당신을 다른 여자로 느끼도록 변신해보는 것이다.

  하지만 이 경우 주의할 점이 있다. 예고 없이 당신 마음대로 분위기를 바꿔 오히려 남편의 자존심을 상하게 하는 것은 피해야 한다. 남자들은 나이가 많거나 우유부단한 성격의 소유자라도 성 문제에 관해서만큼은 여자에게 이끌려가고 싶어하지 않는다.

  따라서 분위기를 바꿀 때도 의논과 부탁의 방식으로 남편에게 흘러가듯 가볍게 힌트를 주는 것이 현명하다.

  "여보, 우리 분위기 한번 바꿔보면 어떨까?"

60 - 아내가 잠자리를 거부할 때

"당신은 어떻게 하는 게 좋아?"

　남자들은 결혼 경력이 쌓여도 성관계에서는 여자가 수동적이라 오해하는 경향이 있다. 그래서 아내의 기분은 아랑곳하지 않고 술에 취해 강제로 잠자리를 요구한다든지, 분위기를 전혀 고려하지 않고 갑자기 관계를 요구하기도 한다.

　파수꾼 뇌 모드의 여자는 성관계에서 행위 자체보다는 분위기를 중요시한다. 따라서 남편의 이런 행동은 아내의 기분을 전혀 배려하지 않는 모욕적인 행동이다. 그럼에도 불구하고 아내가 드러내놓고 불평하지 않는 이유는, 여자는 성에 관한 불만을 노골적으로 털어놓으면 안 된다는 파수꾼 뇌 모드의 통제 때문이다.

　남편이 자기 기분대로만 이끄는 성관계는 아내를 매우 고통스럽게 만들 수 있다. 이런 일이 거듭되는 동안 아내가 불평을 삭이지 못하고 안으로 쌓아두면 불감증이 생기기도 한다. 만약 중년 이후에 아내가 남편인 당신의 잠자리 요구를 자주 거절한다면, 당신이 결혼 생활 내내 아내의 기분을 무시하고 일방적인 성생활을 이끌어오지는 않았는지 되돌아볼 필요가 있다.

남편들은 아내에게도 자신 못지않은 성욕이 있고, 그녀만의 성적 취향도 있음을 인정해야 한다. 하지만 남편 입장에서는 남녀의 위상이 많이 달라졌다 해도 성관계에서의 우위만은 아내에게 양보하고 싶지 않을 것이다. 그러나 아내 입장에서는 성관계란 마음과 몸을 직접 맞대고 나누는 가장 깊이 있는 대화여서, 일방적으로 끌려다닐 바에는 차라리 하지 않는 것이 낫다고 생각할 수 있다.

아내가 남편인 당신의 잠자리 요구를 거절하면 '나를 무시해서 저런다.'라고 지레 짐작해, 아내의 거절 그 자체에 대해 무시하는 반응을 보여선 안 된다. 그럴 때는 아내가 무엇을 원하는지 물어서 관계의 유형을 개선해야만 근본적인 문제를 해결할 수 있다. 넌지시 한번 물어보라.

"당신은 어떻게 하는 게 좋아?"

만약 당신이 아내에게 죽어도 그런 말을 꺼낼 수 없는 무뚝뚝한 남자라면, 잠자리에서 아내가 적극적으로 행동할 수 있도록 힌트를 주는 정도의 노력이라도 해야 한다.

또 한 가지. 파수꾼 뇌 모드의 여자는 워밍업 없이는 성관계에 시동이 걸리지 않는다. 시작과 동시에 자신의 욕구대로 본 게임으로 들어가는 것도 위험하다.

부부끼리 대화를 나눌 때 아내의 말에 귀를 기울이는 것처럼, 성관계에서도 아내가 원하는 것이 정말로 무엇인지 파악하기 위해 노력하라. 그렇지 않으면 부부 관계가 항상 겉돌 뿐만 아니라, 아내는 뭔지 모를 허전함으로 또 다른 사람을 찾고 싶을지 모른다.

5

가족 사이의 남녀 대화법

　남녀의 서로 상반된 뇌 모드는 배우자 이외의 가족 간에도 적용된다. 어머니와 아들, 아버지와 딸 사이는 세상에서 가장 가까우면서도 서로 다른 뇌 모드 때문에 충돌 위험도 가장 많다.
　어머니와 아들은 세상에서 가장 가까운 사이다. 부부는 언제든 남이 될 수 있지만, 아들은 자기 살을 찢고 나와 자기 이상대로 성장하는 이성이다. 아들 입장에서 보아도 어머니는 최초의 이성이다. 이처럼 어머니와 아들의 관계는 대단히 긴밀하다. 그 대신 서로에게 거는 기대치가 높아 기대 충족에 걸림돌이 나타나면 큰 갈등을 빚을 수 있다. 특히 어머니의 파수꾼 뇌 모드는 아들에 대한 사랑이 잔소리로 나타나고, 아들의 사냥꾼 뇌 모드는 사랑에 대한 표현을 생략해 충돌 가능성을 내재하고 있기도 하다.
　한편, 아버지와 딸은 몸이 분리되는 관계는 아니지만 가장 이상적인 이성 관계를 형성한다. 그러나 아버지는 자신의 유전자를 받은 딸이 자신과 똑같기를 바라지만, 딸은 아버지와 뇌 모드가 다르고 경험 세계도 달라 충돌할 소지가 많다. 또한 사냥꾼 뇌 모드의 아버지는 고지식해서 파수꾼 뇌 모드 딸의 다양한 흥미를 이해하지 못할 수 있다. 반면 딸에게 아버지는 이상적인 이성일 뿐만 아니라 자기에게 유전자를 주고 자기를 무한히 용서해주는 존재라는 기대 때문에 자신의 취향을 이해하지 못하는 아버지에 대한 원망이 쌓이기 쉽다. 따라서 가족 간에도 성적으로 서로 다른 뇌 모드를 이해하고 거기에 맞게 대화해야 근본적인 갈등 요소를 줄일 수 있다.
　지금부터 배우자 이외의 이성 가족 간의 대화법을 소개하겠다.

61 - 어머니를 피하는 아들에게

화를 자제하고 냉정하게 말하라

어려서는 언제나 어머니 말에 순종하고, 어머니에게는 한없이 친절하던 아들이 어느 정도 자라더니 슬슬 어머니를 피하려 한다. 어머니로서는 마음이 아프다. 하지만 아들의 이런 태도는 자연스러운 성장의 징후다.

아들은 어머니의 자궁에서 나와 원초적으로 어머니와의 분리를 두려워한다. 그래서 어릴 때는 딸보다 아들이 더 열심히 어머니 치맛자락을 붙들고 다닌다. 그러나 아들은 사냥꾼 뇌 모드를 가진 남자여서, 딸보다 먼저 부모로부터 자립하려는 속성도 가지고 있다. 아들들이 조금만 크면 어머니와의 외출을 꺼리는 것도 그 때문이다. 어머니로선 섭섭할 수 있지만, 아들을 남자답게 잘 키우려면 남자만의 특성을 순순히 받아들여야 한다.

만약 어머니가 아들의 특성을 무시하고 자기 마음대로 아들의 자립 의지를 꺾어버리면, 아들은 남자 고유의 정체성을 잃어 불완전한 성인으로 자라기 쉽고, 그 때문에 사회 생활과 결혼 생활에 걸림돌이 생길 수 있다.

파수꾼 뇌 모드의 어머니는 매사를 길게 설명한다. 하지만 사냥꾼 뇌 모드의 아들은 지루한 잔소리를 못 견뎌한다. 다만 어머니를 사랑하기 때문에 그 잔소리를 참아야 한다고 생각할 뿐이다. 그러다 혈기왕성한 10대가 되고, 호르몬 분비가 왕성해져 남자다운 특성이 강화돼 어머니의 잔소리를 도저히 참지 못하고 대들 수 있다.

아들은 원초적으로 어머니를 잃는 것을 세상에서 가장 두려운 일이라고 생각하지만, 상대에게 자신의 약한 모습을 보이면 잡아먹힌다는 사냥꾼 뇌 모드의 작용으로 그 두려움을 위장하려고 어머니를 필요 이상으로 미워할 수 있다. 어머니가 그런 아들의 사냥꾼 뇌 모드를 이해하지 못하고 자기 마음대로 아들의 공부 방법이나 진로 문제를 좌지우지하려고 하면, 아들은 폭력적으로 변할 수도 있다. 사냥꾼 뇌 모드의 아들은 상대방이 어머니일지라도, 자기가 알아서 할 일에 대해 간섭을 받으면 짐승처럼 사나워질 수 있다.

만약 당신이 자기 주장이 강한 어머니라면 아들을 자신의 뜻대로만 기르려 할 것이다. 그러면 아들은 어머니의 위세에 눌려 기가 약한 남자로 자랄 수 있다. 어머니의 강압에 못 이겨 공부를 해야 할 경우에도 보는 데서만 공부하는 척하고, 안 보면 자기 멋대로 해 어머니를 실망시킬 수도 있다. 어머니가 아들의 사냥꾼 뇌 모드를 무시하고 파수꾼적인 사고 체계를 주입하려고 하면 할수록, 아들의 어머니에 대한 원초적 사랑은 증오로 변할 수 있는 것이다. 말 잘 들던 아들이 결혼 후 어머니를 멀리하고 아내만 감싸고 들거나, 공부 잘하던 모범생 아들이 훗날 상상치 못할 사고를 치는 것은 다 그 때문이다.

당신이 아들을 훌륭한 사회인으로 키우고 싶으면, 아들이 하는 일에 시시콜콜 간섭하지 말고 지켜보는 인내심을 가져야 한다. 아들에게 하고 싶은 말이 있으면 가급적 간결하게, 그리고 아들의 사냥꾼 뇌 모드에 맞추어 논리적으로 말해야 한다.

"넌 어떻게 생각하니? 네 의견이 그러면 그렇게 하는 게 좋겠다."
"엄마 의견은 이렇지만 결정은 네가 해라. 네 선택을 존중할게."라며 자립심을 북돋아주는 대화법을 이용해야 아들과의 원초적 애정 관계를 오래도록 유지할 수 있다.

62 - 아들에 대한 어머니의 간섭이 지나칠 때

"어머니, 너무 걱정 마세요."

아들이 이미 가정을 이룬 가장이 되어도 어머니 눈에는 여전히 어린애로 보인다. 그래서 이래라저래라 잔소리를 많이 한다. 반면 사냥꾼 뇌 모드의 아들은 어느 정도 장성하면 어머니의 간섭을 벗어나 자립적으로 살고 싶어한다. 그래서 어머니가 장성한 아들인 당신의 행동 하나하나를 사사건건 간섭하면, 그것이 사랑의 표현일지라도 솔직히 매우 귀찮을 것이다.

어머니는 당신의 사냥꾼 뇌 모드와 반대인 파수꾼 뇌 모드의 소유자다. 즉 잔소리는 당신을 괴롭히기 위해 하는 것이 아니라, 당신을 위해 하는 것이다. 어머니는 집과 자식을 지키는 것이 생명 유지의 원천이다. 그래서 당신이 아무리 성장했어도 자신이 돌봐줘야 한다는 생각을 벗어던지지 못한다. 사실 어머니 입장에서도 아들에 대한 애착에서 벗어나 자유롭게 살고 싶을 수도 있다. 하지만 타고난 파수꾼 뇌 모드는 웬만해서 자의적으로 바꿀 수가 없다.

그러니 당신이 어머니를 이해해야 한다. 어머니가 당신에게 "옷 좀 두껍게 입어라. 감기 든다." "차 조심해라." "공부 열심히 해라."와 같은 지나친 잔소리를 하더라도 "에이, 잔소리 좀 그만하세요. 알아서 할 테니 걱정 마세요."라고 쏘아붙이면 어머니는 큰 상처를 받는다.

어머니는 무조건 자식을 보호하려고 아들에게서 받은 모욕을 참기는 하지만, 파수꾼 뇌 모드는 사소한 것도 일일이 기억하기 때문에 언젠가는 그것이 병으로 나타날 수 있다.

당신의 어머니는 우회적이고 감성적인 표현법을 사용한다. 그러니 어머니의 잔소리가 지겨워도 "알았으니 그만 좀 하세요."라고 직설적으로 되받지 말고, "어머니가 왜 그런 말씀 하시는지 다 알아요. 너무 걱정 마세요. 그 정도는 제가 알아서 할 수 있어요."라고 길게 설명해보라. 어머니는 아들인 당신이 자기의 마음을 알아준다고 생각하며 행복해할 것이다.

63 – 아들이 음란물을 보다가 어머니에게 들켰을 때

슬그머니 자리를 비켜주어라

어머니에게 아들은 남편에 대한 불만을 자기 마음에 들게 수정한 가장 이상적인 이성이다. 그래서 심리적으로 아들이 성인이 되어 독립해버릴 것을 은근히 두려워한다. 그 때문에 아들이 음란물을 보다가 어머니에게 들키면 비이성적으로 나오기 쉽다. 아들이 영원히 자기 품안에 머물 어린애인 줄 알았는데, 성인 행동을 해서 어머니에게 배신감을 안겨주기 때문이다.

그러나 아들 입장에서 보면, 10대 때 남성 호르몬이 가장 왕성하게 활동해 성적 에너지가 넘친다. 남성 호르몬의 왕성한 분비는 16세부터 시작되는 것으로 알려졌으나, 지금은 그보다 낮아져 14세로 보는 견해도 있다. 따라서 아들의 입장에서는 자신의 성적 욕구를 음란물

을 통해 대리 만족하는 것을 죄악시하는 어머니의 태도가 정당해 보일 수 없다.

물론 아들은 아직 어려 사리분별이 정확하지 않고, 또 음란물 보는 것을 곱지 않게 보는 사회적 분위기에 눌려 수치심을 느낄 수 있다. 그런데 어머니가 "아직 머리에 피도 안 마른 놈이……." 운운하며 짐승 취급을 하면 어머니에 대한 적대감이 말도 못하게 커질 것이다.

따라서 어머니는 아들이 초등학생일지라도 몰래 음란물을 보는 장면을 목격하면 당장은 그 자리에서 피해주는 것이 현명하다. 그런 다음 나중에 따로 불러 조용히, 논리적으로 음란물의 문제점을 설명해 주는 것이 좋다.

이때 "포르노가 얼마나 나쁜 줄 아니? 어릴 때부터 그런 걸 보면 안 돼." 등의 교과서식 잔소리는 삼가야 한다. 사냥꾼 뇌 모드의 아들은 자기 스스로 잘못을 저지른 줄 알면서도 잔소리에 대한 거부감이 크기 때문이다.

가급적 같은 남자인 아버지가 문제를 해결하도록 하는 것도 좋다. 그러나 아버지 성격이 고지식해서 어머니보다 더 아들의 자존심을 다치게 할 가능성이 있거나 아버지가 부재중이어서 그럴 수 없다면, 어머니 자신이 아버지 마음으로 "아빠도 네 나이 때는 포르노 잡지 같은 것을 보려고 애썼지. 그런데 그게 다 상술로, 정상적인 관계를 보여주는 게 아니라고 하더라. 엄마는 네가 그런 걸 너무 많이 봐서

부작용을 일으킬까봐 걱정하는 거야. 아빠한테 들은 얘긴데, 그런 걸 너무 많이 보면 이 다음에 애인이나 아내와 정상적인 관계를 가질 수 없다고 해서."라고 논리적으로 아들의 자존심을 고려하면서 문제점을 짚어주는 것이 좋다.

　아들은 어머니를 자기가 어떤 잘못을 저질러도 무조건 용서해주는 존재, 자신이 원하는 것과 고통을 세상에서 가장 잘 알고 이해해주는 사람으로 여긴다. 그러므로 어머니가 그런 식으로 말하면 순순히 받아들일 것이다.

64 – 어머니가 아들의 여자친구를 못마땅해한다면

"별로 내세울 건 없는 애예요."

여러 번 강조했지만 어머니에게 아들은 가장 이상적인 이성이다. 그래서 아들이 여자친구를 사귀면 어머니에겐 저절로 라이벌 의식이 생긴다. 게다가 객관적으로 30점짜리 아들도 어머니에겐 100점짜리로 보이고, 아들의 여자친구는 설령 100점일지라도 30점으로 보인다.

어머니가 여자친구를 못마땅하게 여겨 이런저런 트집을 잡는다면 아들인 당신은 매우 불편할 것이다. 하지만 어머니의 원초적인 심리를 이해하면 어머니와 여자친구 사이의 갈등을 최소화하고 불행을 막을 수 있다.

어머니에게 여자친구를 정식으로 소개하기 전까지는 어머니 앞에

서 여자친구 자랑을 삼가라. 당신이 미리부터 여자친구 자랑을 늘어놓으면 어머니는 그녀를 만나보기도 전에 '어떻게 했기에 내 아들 혼을 쏙 빼놓았지? 여우 같은 아이인가봐.' 라며 공연한 적개심을 품을 수 있다. 또 당신이 미리부터 여자친구 자랑을 많이 해두면 어머니의 기대치가 높아져 여자친구를 만나본 후 실망하기 쉽다. 애초 어머니는 당신의 여자친구를 환영할 마음이 없기 때문에, 당신이 여자친구 자랑을 할수록 점수가 더 깎이게 되어 있다.

자식 양육이 삶의 최종 목표인 어머니의 파수꾼 뇌 모드는 아들이 여자친구만 챙기거나 허락을 받기 전에 이미 깊은 사이가 된 것을 알면, 자신이 그것을 강하게 통제해야 한다는 믿음에 여자친구와의 사이를 떼어놓으려 할 수 있다.

그런 불상사를 막으려면 여자친구를 사전에 자랑하지 말아야 한다. 그리고 이미 오래 사귄 여자친구라도 어머니에게 소개한 후 "어머니가 괜찮다 하시면 본격적으로 사귀어보려구요."라고 말해 어머니의 경계심을 누그러뜨리는 것이 현명하다.

"그 친구, 내세울 건 별로 없는데 저랑 성격은 좀 맞는 것 같아요." 정도만 언급해두고 "어떻게 보면 어머니를 많이 닮았어요."라고 한마디 덧붙여 어머니가 여자친구에게 동질감을 느끼고, 어느 정도는 객관적으로 볼 수 있게 해두는 것도 요령이다.

어머니와 여자친구, 두 사람의 파수꾼 사이에 끼어 있는 사냥꾼 아들을 위한 충고 하나. 파수꾼 뇌 모드의 두 여자는 당신과는 달리 말할 때의 표정과 제스처로 속마음을 읽을 줄 안다. 상대가 자신을 못마땅해하는 눈치면 쉽게 알아차릴 수 있다. 그래서 당신에게 양쪽에서 "네 여자친구는 어른도 몰라보는 버릇없는 애더라." "당신 어머니는 왜 그렇게 사람을 불편하게 만드셔?"라고 불평을 늘어놓을 수 있다. 그런 갈등을 막으려면 처음부터 여자친구에게 끌려다니지 말고 당당하게 "나는 우리 어머니를 기쁘게 해드리는 것이 제일 중요하다고 생각해."라고 말해서, 당신에게 어머니가 어떤 존재인지를 여자친구에게 각인시켜두는 것이 유리하다.

  파수꾼 뇌 모드의 여자는 남자가 당당하게 할 말은 하고 자신을 이끌어주길 은근히 바라고 있으며, 또 그런 남자를 거스르면 안 된다고 믿기 때문에, 당신이 처음부터 분명한 태도를 보이면 두 여자 사이의 갈등이 크게 줄 것이다.

65 – 아들이 어머니에게 대들 때

"엄마가 뭘 잘못했는지 말해줄래?"

어머니에게 아들은 자기 살을 찢고 세상에 나왔으며, 자기 손으로 자기가 원하는 모습으로 만들어놓은 가장 이상적인 이성이다. 그런 아들이 대들면 남편에게 모욕당한 것보다 더 분할 수 있다. 하지만 아들이 대들 때 어머니가 감정적으로 대응하면, 아들의 태도를 바로잡기는커녕 더 나빠지게 할 수 있다.

사냥꾼 뇌 모드의 아들은 상대가 어머니일지라도 '의사 표현이 아닌 감정 표현을 위한 말'은 이해되지 않는다. 아들이 어머니의 잔소리를 거부할 때 어머니가 흥분해서 "내가 너를 어떻게 키웠는데!" 등의 말로 대응하면, 아들은 어머니에 대한 기대가 실망으로 변해 어머니를 미워하게 된다. 따라서 아들이 어머니에게 대들면 그 자리에선 일단 화를 참고 "알았으니 지금은 그만하자."라고 한 마디만 하고 일단 문제를 덮는 것이 현명하다.

10대 중후반의 아들은 성 호르몬의 왕성한 활동으로, 일생을 통해 사냥꾼 기질이 가장 강하다. 이 말은, 즉 어머니의 잔소리에 대한 거부감이 그 어느 때보다 강하다는 의미이기도 하다. 하지만 아들은 정신과 육체가 어머니와 분리될 수 없는 특수한 관계에 있기 때문에 어머니에게 대들면서도 마음은 무척 괴롭다.

10대 중후반은 또한 충동적인 나이여서 괴로움이 크면 쉽게 일탈 행동을 할 수 있다. 그러나 어머니가 사냥꾼 뇌 모드에 맞게 간략하게 말하고 사물을 냉정하게 보는 태도를 보이면, 아들은 사냥꾼 뇌 모드 특유의 서열 의식 때문에 어머니의 말을 잘 따를 것이다.

따라서 반항하는 아들에게는 감정적으로 대응하지 않는 것이 현명하다. 일단 서로 흥분이 가라앉을 때까지 기다렸다가 "우리 대화 좀 하자."라고 통보해서 대화의 자리를 만든다. 그리고 논리적이고 객관적인 말투로 "오늘 엄마는 네가 엄마한테 대들어서 큰 충격을 받았다. 엄마가 너한테 뭘 잘못했니? 엄마가 잘 몰라서 그러니 솔직하게 말해줘. 그럼 엄마도 고칠게."라고 말해보자.

. 이때 다시 어머니가 감정을 드러내면 대화를 시도하지 않는 것만도 못한 결과를 가져올 수 있으니 조심해야 한다. 아들이 솔직하게 말하면, 듣기 싫더라도 아들이 말하는 중간에 화를 내거나 말을 막아

선 안 된다. 다 듣고 나서 "그래. 그런 점은 엄마도 잘못한 것 같구나. 그렇지만 네가 그런 태도로 나오면 엄마도 크게 상처를 받아. 우리 둘 다 서로 상처주지 않도록 태도를 고쳐보자."라고 말하면 아들도 어머니에게 대든 행동을 미안해하며 "엄마, 오늘은 제가 심했어요. 다음엔 안 그럴게요."라고 말할 것이다.

66 - 어머니의 의견이 마음에 맞지 않을 때

"알았어요, 어머니. 노력해볼게요."

　어머니는 파수꾼 뇌 모드를 가져 자신이 전적으로 자녀를 지켜야 한다고 믿는다. 그래서 자식이 자신의 간섭을 귀찮아하면 어머니의 권리를 인정하지 않는 괘씸한 행동으로 받아들인다. 따라서 아들인 당신이 어머니의 말, 즉 "술 좀 줄이고 일찍, 일찍 다녀라." "그 여자와 결혼하면 안 된다." "회사에서 무슨 일이 있었는지 솔직하게 말해라." 등의 말이 듣기 싫어도 "싫어요!"라고 직설적으로 말하는 것은 삼가야 한다.

　파수꾼 뇌 모드의 여자는 우회적이고 간접적인 표현에 익숙하다. 그래서 자신이 잔소리를 너무 많이 한다고 생각하고 있음에도 정작 아들로부터 잔소리가 심하다는 직설적인 지적을 받으면, 아들이 어

머니의 존재 자체를 무시하는 것으로 받아들인다. 그것은 어머니가 가장 두려워하는 일이기도 하다.

어머니는 그 두려움을 극복해보려고 "이 녀석이 좀 컸다고 엄마를 무시하네."라며 눈물을 보이거나 "두고봐라. 그 여자와 절대로 결혼 못해."라며 협박조로 나올 수 있다. 그렇게 되면 사냥꾼 뇌 모드인 당신 역시 어머니를 이해할 수 없어 더 반항적으로 나와 크게 충돌할지도 모른다.

이 충돌은 어머니와 당신 모두에게 상처를 입힌다. 모자 관계가 상처를 입으면, 아들인 당신도 세상에서 가장 가까운 사람인 어머니에게 상처를 입혔다는 죄책감에서 벗어나기 힘들 것이다.

그러므로 어머니와 의견이 다를 때, 일단 어머니의 파수꾼 뇌 모드에 맞춰 간접적으로 표현해보라. "알겠습니다. 어머니 말씀대로 한번 해볼게요."라고 말한 후, 정말 의견이 서로 다르다면 조용히 당신 뜻대로 움직여도 어머니는 당신의 굳은 의지를 알고 적당한 선에서 포기할 것이다.

67 – 딸의 노출이 걱정되는 아버지라면

"우리 딸이 너무 예뻐서 아빠는 고민이다."

아버지와 딸의 관계는 어머니와 아들의 관계에 비해 갈등 요소가 적은 편이다. 실제 서열이 위인 아버지는 서열을 중요시하는 사냥꾼 뇌 모드이며, 누가 이끌어주는 것에 거부감이 적은 파수꾼 뇌 모드의 딸이 아래 서열에 있기 때문이다. 그러나 뭐든지 지나치면 부작용이 생기는 법. 시대가 달라져 딸들도 아버지가 서열을 내세워 지나치게 억압하면 아들 못지않게 반발한다.

특히 최근 젊은 여성들 사이에 노출 패션이 유행하면서, 사춘기 이후의 딸을 둔 가정에서 아버지와 딸 사이에 옷을 둘러싼 의견 충돌이 잦아지고 있다. 사냥꾼 뇌 모드의 아버지는 딸의 노출에 알레르기 반응을 보인다. 젊은 사냥꾼 남자들이 어떤 반응을 보일지 너무 잘 알기 때문이다. 아버지로서는 자기 유전자를 받은 딸이 다른 사냥꾼의 성적 놀림거리가 되는 것을 원치 않는다. 그리고 양질의 사냥꾼에게 대접받고 살려면 딸이 야한 옷을 입지 않아야 한다고 믿는다. 그래서 딸의 옷차림에 노출이 심하면 자기도 모르게 강압적인 목소리로 "지금 그걸 옷이라고 입었냐? 제대로 좀 가리고 다녀라."라며 화내기 쉽다.

직설적 표현에 거부감이 강한 파수꾼 뇌 모드의 딸은 아버지의 마음을 읽기는커녕, 아버지의 직설적 표현에 거부감부터 든다. 그래서 아버지의 눈을 속이고 더 야한 차림으로 외출하기도 한다. 아버지가 그마저 막으면 아버지에게 보복하려고 충격 요법을 사용하기도 한다.

아버지로서는 어린 딸이 노출이 심한 옷을 입고 나서면 당연히 마음이 쓰일 것이다. 그러나 "당장 옷 바꿔 입어! 너 그렇게 입고선 아무데도 못 갈 줄 알아."라는 말로는 딸의 태도를 바꿀 수 없다. 대신 "야, 너 오늘 너무 멋지다. 너무 섹시해서 온 동네 늑대들이 한꺼번에 따라붙을 것 같은데? 아빠도 한때 늑대였잖니. 그래서 늑대들이 어떻게 생각하는지 잘 알고 있어. 네가 이러고 나간다니 불안하구나."라는 우회적인 표현을 해야만 딸을 설득할 수 있다.

68 – 딸이 아버지의 권위적인 억압에서 빠져나오고 싶다면

목소리를 낮춰 분명히 말하라

딸과 아버지의 가장 큰 갈등 요인은 서로에 대한 기대가 너무 커 실망 또한 크다는 점이다. 이런 점 때문에 장성한 딸과 아버지는 가능한 한 적당한 간격을 두고 살 필요가 있다. 조선시대 사대부의 주택 구조에서 딸의 처소가 아버지의 처소인 사랑채와 가장 먼 곳에 있었던 것도 이러한 현실과 무관하지 않다.

하지만 주거 형태가 아파트라는 평면 구조로 바뀌고, 가족 수도 단출해져 아버지와 딸은 물리적으로 가까운 거리에 놓이게 되었다. 딸의 나이가 어릴 때는 문제가 없지만, 딸이 성장할수록 부녀 사이의 갈등이 두드러지게 늘 수 있다. 게다가 소규모 창업이 많은 최근, 딸이 아버지의 사업을 돕는 경우가 늘어 부녀 간의 갈등은 더욱 많아질

수 있다.

이런 경우를 한번 생각해보자.

딸이 졸업 후 이렇다 할 직장을 잡지 못하자 자영업자인 아버지는 자기 사업을 도우라고 한다. 그런데 아버지는 딸이 일을 잘하자 직원들을 다 내보내고 딸에게 모든 일을 맡긴다. 그러면서도 자신이 아버지이기 때문에 당연히 딸에게 임금을 제대로 안 주고도 마음대로 부릴 권리가 있다고 믿는다. 제대로 된 직원이나 파트 타임 직원을 썼을 때의 급여에 비해 딸에게는 형편없이 적은 돈을 주거나 거의 주지 않고도 떳떳한 것이다. 게다가 가끔 "아버지는 나이도 있고 좀 쉬어야겠다."며 사업장을 비우거나 쉬기까지 한다. 그러나 딸이 쉬려고 하면 노발대발한다.

이런 경우 딸의 입장에서 보면, 집안에서는 부녀지간이지만 직장에 나온 이상 고용주와 피고용인의 관계가 성립되기 때문에 정당한 대가를 받아야 하는데, 그렇지 못해 억울하다. 딸은 자신의 감정을 솔직하게 표현할 수 없는 파수꾼 뇌 모드의 소유자인지라, 아버지의 권위에 눌려 속앓이만 할 것이다. 딸에게 아버지는 최초의 이성이며, 가장 이상적인 이성이어야 하기 때문에, 아버지에게서 받는 스트레스는 다른 데서 받는 스트레스보다 강하다. 심하면 마음의 병을 얻을 수 있다.

따라서 아버지에게서 받는 스트레스를 무조건 참는 것만이 능사는 아니다. 도저히 견딜 수 없다면 과감하게 상황 개선에 나서야 한다. 그렇다고 해서 아버지에게 감정적으로 "왜 저한테만 다 시켜요?" "제가 무슨 죄를 지었어요? 돈도 제대로 안 주고!"라는 식으로 표현했다가는 사냥꾼 뇌 모드의 분노만 살 것이다.

아버지의 권위적인 억압에서 벗어나려면 가급적 낮은 목소리로 또박또박 사냥꾼 뇌 모드의 아버지가 잘 알아들을 수 있도록 자신의 상황을 논리적이고 객관적으로 표현하라.

"오늘은 딸이기 전에 직원으로 말씀드립니다. 제 생각엔 저는 다른 일자리를 찾아보고, 아버지는 일할 만한 다른 사람을 찾아보시는 게 좋겠어요."

그렇게 말해도 아버지가 받아들이지 않으면 단호하게 "정 그러시면 저도 독립을 하겠어요."라는 강한 의지를 밝히는 것이 좋다. 물론 빈말로 그렇게 말하면 문제만 키울 수 있으니, 정말로 독립할 각오부터 하고 그렇게 말해야 한다.

아버지들은 '딸은 적당하게 시간이 흐르면 알아서 자기 고집을 꺾는다'는 선입견을 갖기 쉽다. 따라서 아버지에게 의견을 말하려면 단호하게 하고, 곧바로 행동으로 옮기는 의지를 보여야 한다.

69 – 딸이 아버지에게 잔소리가 심할 때

"미안하지만 좀 봐주렴."

딸이 장성하면 아버지는 나이가 많아진다. 이때쯤 되면 아버지는 딸에게서 마누라보다 더 심한 잔소리를 듣는다고 생각할 수 있다. 아내는 그간의 결혼 생활 경험으로 어렴풋이나마 남편의 뇌 모드를 이해하고 사정을 헤아려주지만, 딸은 그런 경험이 없어 인정사정없이 자기 방식으로만 의사 표현을 하기 때문이다. 그러나 파수꾼 뇌 모드의 딸은 잔소리의 양이 아버지에 대한 사랑의 양이라고 착각하기 쉽다.

나이 든 아버지가 담배나 술을 가까이하면 "제가 아버지 담배 치워 버렸어요. 그거 하나 못 끊으세요? 건강을 생각하세요." "술 그렇게 계속 드시면 전 앞으로 아버지 안 볼래요."라며 아버지 가슴에 못 박는 소리도 서슴지 않는다.

딸은 자신이 그런 식으로 말하는 것도 아버지를 위해서라고 믿는다. 아버지가 받을 상처는 전혀 고려하지 않는 것이다. 아버지는 딸의 이런 말에 서열을 무시당하고 조종당하는 것 같아 불쾌해진다. 그럼에도 아내 말은 무시해도 자신의 유전자를 이어받은 딸의 말은 무시할 수 없다. 이렇게 대놓고 화를 내지 못해 마음은 더욱 불편해진다.

그렇다고 해서 아버지인 당신이 잔소리하는 딸에게 "네가 뭔데 나한테 잔소리야!" 등으로 막말을 하면, 직설적 표현을 모욕으로 받아들이는 딸에게는 큰 상처가 된다. 이럴 때는 내키지 않아도 어른인 아버지가 여자의 파수꾼 뇌 모드에 맞춰 말하는 것이 현명하다.

"그래, 알았다. 네가 날 생각해서 그렇게까지 말하는데 고치지 못해서 미안하구나. 그렇지만 아버지한테는 이게 유일한 낙인데 좀 봐주면 안 되겠니?"라고 당신의 기분을 자세히 설명해보라. 딸은 아버지의 감정을 헤아리고 잔소리를 줄일 것이다.

70 – 아버지가 딸의 남자친구를 싫어할 때
아버지에 대한 사전 정보를 주어라

　아버지에게 딸은 가장 이상적인 이성이니만큼 딸의 남자친구는 질투의 대상이 된다. 영화 〈미트 페어런츠〉는 아버지의 이런 심리를 잘 묘사하고 있다. 영화 속 아버지는 딸의 남자친구가 결혼식을 하러 집에 오자 갖가지 함정을 만들어 결혼을 포기시키려고 한다. 딸은 남자친구의 좋은 점을 아버지에게 알리려고 눈물겹게 노력하지만, 아버지는 도리어 딸을 남자친구와 떼어놓으려고 애쓴다.
　남자들끼리는 뇌 모드가 같아 웬만한 일은 서로 어깨를 두드리면서 "한번 잘해보자고." 하며 쉽게 친구가 될 수 있다. 그런데도 아버지들은 딸의 남자친구에게만은 라이벌 의식을 느껴 유별나게 까다롭다.

이런 아버지의 심리를 무시하고 아버지 앞에서 남자친구를 지나치게 감싸는 것은 바보짓이다. 그러나 딸인 당신이 사냥꾼 뇌 모드의 두 남자 가운데에 서서 전략적으로 행동하면 아들이 어머니를 설득하기보다 훨씬 쉽다.

남자들끼리는 취미가 같거나 세상을 보는 관점이 같으면 아주 쉽게 친구가 된다. 남자친구를 아버지에게 소개하기 전에, 남자친구에게 미리 아버지의 취미와 가치관 등을 알려주면, 아버지가 남자친구에게 갖는 적대감을 완화시킬 수 있다.

남자들의 사냥꾼 뇌 모드는 솔직하고 즉각적이라서 마음이 맞으면 의외로 그 자리에서 대화가 쉽게 풀릴 수 있다. 그러나 그 반대의 경우도 무시할 수 없다. 따라서 만약 첫 대면에서 아버지가 남자친구를 노골적으로 싫어하더라도 즉석에서 맞대응은 하지 마라. 당장 마음이 불편해도 일단 자리를 피한 다음 아버지와 남자친구의 공통점을 수집해 다시 만나게 해 대화가 통하게 하면 된다.

남자친구에게 미리 아버지와 친구가 되는 요령을 알려주면 일이 더 쉬워진다.

"우리 아빠는 술을 좋아하시니까 네가 먼저 술 한잔 하자고 청해봐."

"우리 아버진 정치 이야기 좋아하시니까 미리 공부 좀 하고 와. 근데 아버지가 지지하는 정당은 이쪽이야."

71 – 딸이 아버지에게 반항하며 대들 때

"마음은 알겠지만 이건 용납하기 어렵구나."

어릴 때는 아버지랑 결혼하겠다며 졸졸 따라다니던 딸! 그 딸이 사춘기를 넘기더니 아버지의 잘못을 노골적으로 지적하며 대들어 아버지를 화나게 할 수 있다. 딸은 성장하면서 파수꾼 뇌 모드가 강화돼 아버지의 매너 없는 행동과 직설적인 표현에 강한 거부감을 갖는다. 파수꾼 뇌 모드의 여자들은 남자들이 사냥터에 나가 있는 동안 집을 지키는 여자들 간의 연대를 중요시했기 때문에, 일방적 지시에는 가장 강하게 거부한다.

남녀 대화 전문가 트렌홈 박사는 여자 아이들은 둥글게 모여 앉아 동등하게 대화하지만, 남자들은 골목에서 서열을 만들어 노는 것으로 남녀 대화의 차이를 설명한다. 남자 아이들은 명령형 말투에 익숙하지만, 여자 아이들은 명령형 말투를 사용하는 아이를 왕따시킨다는 것이다.

딸이 아버지에게 대드는 것은, 아버지가 아무 생각 없이 딸에게 일방적인 지시를 할 때마다 느꼈던 억압받는 기분을 참다가 한꺼번에 터뜨리는 행위일 수 있다. 느꼈던 사람은 10대부터 20대 초반까지 남녀 구분 없이 가장 정의롭다. 이 나이의 딸들은, 아버지의 강압적인 태도가 어머니를 불행하게 하거나 형제들에게 상처를 주면 아버지를 정의롭지 못한 사람으로 분류한다. 그래서 자기가 희생해서라도 아버지의 태도를 바로잡아야 한다고 생각한다.

당신의 딸이 아버지인 당신에게 자주 대들면서 당신의 잘못을 지적하는가? 그렇다면 평소 당신이 가족들을 강압적으로 대하지 않았는지 체크해봐야 한다. 만약 그 때문에 딸이 대든다면 가급적 당신의 태도를 고쳐야 나이 든 후에도 가족들과 잘 지낼 수 있게 된다.

대드는 딸과의 갈등을 효과적으로 해결하려면, 딸이 대드는 순간 "뼈 빠지게 고생해서 키워줬더니 은혜도 모르고. 건방진 것 같으니라고!" 등의 대응을 삼가고, "이게 무슨 짓이야?" 정도로 한 마디만 하고 일단 끝내라. 딸이 화가 나서 흥분해 있다면 흥분이 가라앉을 때까지 내버려두고, 흥분이 가라앉은 후 다시 불러 이야기를 나누어라. 그래야만 아버지 말에 귀를 기울일 테니까.

"아버지에게 무슨 불만이 있는지 말해봐라. 네 의견을 얼마든지 받아들일 수 있다. 하지만 네가 어른한테 대드는 태도는 용서할 수 없구나."라고 엄하게 말해라. 딸은 아버지의 권위를 인정할 것이다.

  무엇보다 중요한 사실은, 딸과 이런 대화를 나눈 후에는 반드시 태도와 말을 일치시켜야 한다는 것이다. 그렇지 않고 변함없이 자녀들이나 아내에게 강압적으로 대하면 딸은 당신을 무시하기까지 할 것이다.

72 – 은퇴한 아버지의 건강이 염려될 때

아버지의 심정을 이해한다는 말부터 하라

　사냥꾼 뇌 모드의 아버지는 사냥터를 잃거나 가정을 장악할 파워를 잃으면 여자들보다 더 마음이 약해진다. 그러나 자신의 파워가 약해지면 가족들에게 얕보일 것이 두려워 술 담배로 마음을 추스르려고 한다.
　딸의 눈에는 이런 아버지의 건강이 걱정될 것이다. 그래서 자기도 모르게 술 담배를 멀리하시라는 잔소리를 늘어놓기 쉽다. 하지만 담배나 술, 도박 같은 나쁜 습관들은 아버지가 사냥터를 잃기 전에 끊어야 한다. 사냥터를 잃은 후에는 상실감 때문에 딸의 잔소리로도 끊을 수는 없게 된다.
　아버지에 대한 딸의 효심은 아버지의 건강을 염려하는 것으로 표현되지만, 아버지는 꼭 그렇게 받아들이지는 않는다. 사냥꾼 뇌 모드의 아버지는 자기에게 이로운 말도 되풀이되고, 그래서 누구에게 조종당하는 것 같으면 거부감부터 갖기 때문이다. 딸은 순전히 건강을 염려해 아버지에게 술 담배를 끊으라고 닦달하고 화도 내지만, 은퇴한 아버지는 자신의 처지를 가장 잘 이해해주어야 할 딸이 자신의 유일한 낙을 금지시키는 것으로 받아들이기 쉽다. 무엇보다 딸이 자기보다 더 권위적인 존재로 보여 억압받는 기분에 빠질 수도 있다. 따라서 아버지의 건강이 염려되면 잔소리와 닦달이 아닌 다른 방법을 찾는 것이 현명하다.

당신이 진심으로 아버지의 건강을 염려한다면, 아버지가 퇴직하시기 전 아직 경제 활동을 하는 시기부터 관심을 가져야 한다. 그때부터 아버지에게 "술 담배를 줄이세요."라는 진지한 충고를 해서 실천에 옮기게 해야 한다. 그리고 은퇴 이후에는 오히려 그런 충고를 줄이는 편이 현명하다.

아버지에게 충고할 때도 사냥꾼 뇌 모드가 잔소리를 달가워하지 않는다는 점을 고려해 사사건건 잔소리를 하기보다는, 담배와 술의 해독에 대해 과학적 증거를 대며 조목조목 논리적으로 설명하는 것이 좋다.

무엇보다 아버지의 상처받은 마음을 "아빠, 제가 왜 아빠 마음을 모르겠어요. 달리 취미도 없으시니 술 끊으면 적적하실 거예요. 그래도 혈압이 높은데 술은 끊으시는 게 좋을 것 같아요. 대신 등산을 시작하시면 어떨까요? 저랑 내일부터 아침에 등산 가요. 네?"라고 달래야 딸의 진심을 파악할 것이다.

직장에서의 남녀 대화법

여성들의 사회 진출이 활발해지면서 직장에서 이성 간의 의사소통 문제가 대단히 중요해졌다. 직장으로 진출한 여자들은 고유의 파수꾼 뇌 모드를 사냥꾼 뇌 모드로 전환해야 한다는 강박관념을 갖게 되고, 여자들이 밀고 들어온 직장에서 남자들 또한 이들과 화합하려면 파수꾼 뇌 모드의 대화를 배워야 하지 않을까 하는 위기 의식을 갖는다.

지금 우리나라 직장에서는 스스로 '나의 뇌 모드는 사냥꾼 쪽에 가깝다'는 여자들과 '나의 뇌 모드는 파수꾼 쪽에 가깝다'는 남자들이 증가하고 있지만, 우리보다 훨씬 먼저 여성의 사회 진출이 시작된 서양에서도 아직은 남녀 대화의 장애물은 원초적인 뇌 모드 차이로 본다. 표면적으로는 뇌 모드가 바뀐 것 같지만, 여전히 결정적인 순간에는 사냥꾼과 파수꾼 뇌 모드가 작용한다는 것이다.

따라서 남녀의 원초적인 뇌 모드 차이를 이해하는 일은 직장 생활에서도 대단히 중요하다. 즉, 직장에서도 남녀의 서로 다른 뇌 모드와 신체 기능으로 인한 서로 다른 언어 사용법을 알아야만 충돌을 최소화하고 원만한 직장 생활을 할 수 있는 것이다. 이제부터 그 방법을 찾아보자.

73 - 같은 직급의 남자 사원이 반말할 때

"앞으로 저한테 반말 쓰지 말아주세요."

여성 직장인 비율은 매년 높아지고 있지만 남녀의 서로 다른 뇌 모드는 쉽게 바뀌지 않아, 같은 직급 남자 사원이 여사원에게 아주 자연스럽게 반말하는 경우가 많다.

여직원의 입장에서 보면, 남자 직원들에게는 별일 아닌 반말 사용이 자신을 얕잡아 보는 사고방식에서 나온 것이라고 해석할 수밖에 없다. 그럼에도 파수꾼 뇌 모드 작용으로 맞대응하고 항의하면 '여자가 드세다'는 비난을 들을까봐, '좋은 게 좋은 거야'라고 자신을 다스리며 참는 여직원들이 많다. 하지만 남자 동료의 반말이 주는 스트레스는 피할 수 없고, 그런 스트레스가 쌓이면 직장 생활에 대한 의욕까지 줄어 능력 저하를 가져올 수 있다.

남자 동료의 반말이 듣기 싫으면 참지 말고 듣기 싫다는 의사 표시를 해야 한다. 사냥꾼 뇌 모드의 남자는 우회적으로 말하면 못 알아듣기 때문에 직설적으로 표현하는 것이 좋다. 그러나 "내가 ○○ 씨에게 반말 들을 이유는 없지 않아요?"라는 식으로 비꼬아서 말하는 것은 금물이다. 남자의 사냥꾼 뇌 모드는 비꼬아서 한 말의 이면을 잘 못 보기 때문에 '투정' 정도로밖에 받아들이지 않는다. 따라서 상대편이 당신의 입장을 '투정'이 아닌 '의견'으로 받아들이도록 냉정하고 정확하게 말하라. 감정이 섞이지 않은 목소리로 "앞으로 저한테 반말을 쓰지 않았으면 좋겠어요. 서로 동등한 입장에서 존중하면서 일하고 싶어요."라고 분명하게 말하면 된다.

남자의 사냥꾼 뇌 모드는 감정적 대응은 싫어하지만 직설적 의견은 '의견'으로서 경청하기 때문에 순순히 받아들인다. 또한 남자들은 서열 의식이 분명하고 공과 사를 구분하는 것도 정당하게 본다. 따라서 남자 동료에게 해야 할 말은 직설적 표현과 공식적 태도를 유지하면서 하는 것이 좋다.

화가 난다 해서 "당신이 뭔데 반말이야? 왜 나를 무시해?"라고 감정적으로 대응하면 무시나 당할 것이다. 감정적 대응을 이해할 수 없는 남자들은 "별걸 가지고 다 시비야. 저 여자 성격 이상하네."라는 식으로 받아들이고 표현하는 당신을 무시해 태도를 고치려 들지 않을 것이다.

74 - 여자 동료가 힘든 일을 대신 해달라고 할 때

기꺼이 돕겠다고 말하라

 직장에서 여자 동료가 무거운 물건을 들거나 험한 일을 자기 대신 해달라는 부탁을 하면 당신은 어떻게 하는가?

 부디 이럴 때 "남녀 평등 아닙니까? 직접 하세요."라고 대답해서 미움받지 않기 바란다. "그럼요. 제가 도와드릴게요."라고 말해보라. 그 여자 동료는 당신을 쿨한 남자로 보고, 가는 데마다 당신을 칭찬할 것이다.

 인류가 탄생한 이래로 남자는 사냥과 농사로 식량을 구하고, 여자는 남자가 구해온 식량으로 음식을 만들고 잠자리를 만들어왔다. 이러한 생활양식이 남녀의 뇌 모드를 결정했음은 물론이다. 그래서 여전히 강한 여자들도 힘든 일은 마땅히 남자들이 해야 한다는 고정관념을 갖고 있다.

　남자가 이런 부탁 하나 들어주지 않으면 '남자답지 못한 남자'라며 여자 동료가 무시할 수 있다. 따라서 여자 동료가 험하고 힘든 일을 부탁하면 웬만하면 시원하게 도와주는 편이 낫다. 억울하다고? 글쎄. 한번 힘을 쓰고 나면 당신에게 돌아오는 이익은 훨씬 더 많을 것이다.

75 - 사내 연애에 실패했을 때
공식 이별 선언 후 입단속을 하라

현대인들은 결혼 적령기에 직장에 얽매어 산다. 따로 연애할 시간이 없어 직장 내 연애나 결혼이 흔해지고 있다. 하지만 사내 연애는 깨지면 후유증이 특히 크기 때문에 조심할 일이 많다.

먼저, 당신이 사내 연애한 남자와 헤어지기를 원한다면 그 관계를 흐지부지 끝내면 안 된다. 면전에서 말하기 힘들어도 남자를 직접 만나 "미안해. 하지만 우리 이제 그만 헤어지자."라고 공식적인 통보를 해주어야 한다.

연애가 불발로 끝나면 반드시 그 사실을 통보할 뿐만 아니라 남자의 '입단속'도 시켜야 한다. 사냥꾼 뇌 모드의 남자는 지나간 일은 쉽게 잊으며, 몰두하던 일이 끝나면 그 일의 가치를 가볍게 여긴다.

끝난 연애를 가벼운 농담거리로 삼을 수 있는 것이다. 만약 그가 연애 중에 당신이 했던 말을 농담으로 만들어 다른 사람들에게 퍼뜨리고 다닌다면 당신에게는 얼마나 큰 상처가 되겠는가.

이런 일을 막으려면 남자에게 둘의 관계가 끝났음을 알리는 공식적인 선언과 함께, 연애하면서 일었던 일들을 다른 사람들에게 말하지 말아달라는 정식 부탁도 해두어야 한다. 남자는 공식적으로 표현하면 그것을 지켜야 한다는 뇌 모드를 가지고 있다. 상식적인 남자라면 당신 말을 지킬 것이다.

그러니 사내 연애를 끝낼 때는 반드시 그를 만나 공식적으로 "그동안 우리에게 있었던 일들은 아무에게도 말하지 말아줘. 이미 끝난 일이라도 나한텐 소중한 기억이기 때문에 다른 사람들 입에 오르내리는 걸 원치 않아."라고 못박아두어야 한다.

76 – 여자 동료가 공적인 일에 사적인 감정을 개입시킬 때

일단 동조하고 결정을 미루어라

남자로서는 여자 동료가 의사 결정이나 협업해야 하는 상황에서 감정을 앞세우면 당황스럽다.

여자들은 오랜 파수꾼 생활에 젖어, 이성적 판단이 그다지 중요하지 않은 파수꾼 뇌 모드를 가지고 있다. 직장이란 사냥터의 변형 공간으로서 그 속에서는 이성적 판단이 대단히 중요하다. 그런데 현대판 사냥터에 나온 여자들은 파수꾼 뇌 모드대로, 즉각 화를 내지 못하고 화를 저축했다가 우회적으로 폭발시켜 남자 동료들을 어리둥절하게 만들 수 있다. 자기를 무시했다고 생각하는 동료에게 회의 중 고의적으로 인신 공격을 하거나, 그가 옳은 의견을 내도 반대하고 나설 수 있는 것이다.

대개 회사는 개인이 독립적으로 일하는 곳이 아니라 여러 명이 팀을 이루어 하나의 프로젝트를 수행하는 곳이다. 그런데도 여자 직원은 팀원이 마음에 들지 않을 때 파수꾼의 틀에서 "제가 맡은 일이 해보니까 너무 어려워요. 역할을 바꾸어주세요."라고 상사에게 말할 수 있다고 생각한다. 사냥꾼 뇌 모드의 상사는 그런 여직원을 만나면 골치 아플 것이다.

그러나 파수꾼 뇌 모드의 그녀가 이미 함께 프로젝트를 진행하는 남자 동료에게 화가 났으며, 그것을 우회적으로 표현하는 것이라는 사실만 안다면 그리 오래 골머리를 앓을 필요가 없다. 그 여직원 앞에서 그녀가 피하고 싶어하는 남자 직원에게 간단한 주의만 주어도 불평이 쏙 들어갈 것이기 때문이다.

여자 동료가 감정을 앞세워 불합리한 요구를 해올 때 직설적으로 "그럴 수는 없습니다. 결정된 대로 하세요."라고 차갑게 말하면, 파수꾼 뇌 모드의 여직원은 거부감을 일으켜 다른 데서 쌓였던 감정의 화살까지 당신에게 돌아오기 쉽다.

이럴 때는 "지금 상황에선 다른 업무도 다 마찬가지예요. 이번에는 그냥 가고 다음에 다시 고려해보도록 하죠."라고 우회적인 표현을 해야 문제가 쉽게 풀린다.

77 – 남자 동료와 경쟁해야 하는 여자라면

상사에게 아부하는 법을 배워라

직장 생활을 하는 여자들은 남자 동료들이 현장에서 상상 이상으로 윗사람에게 아부를 잘하는 것을 보고 충격을 받는다. 그러나 사냥꾼 뇌 모드의 남자는 서열을 중요시하기 때문에 윗사람에게 아부를 잘하는 것이 당연하다.

남자들의 아부는 사냥꾼의 절대 서열 의식에서 비롯되었다. 서열 의식의 특징은 윗사람의 의견이 일방적으로 아래로만 전달되는 '톱-다운(top-down)' 형식이다. 만약 아래에서 위로 전달할 의견이 있다면, 그것이 잘 받아들여지도록 윗사람에게 아부를 해서라도 분위기를 누그러뜨려야 한다.

서열 의식이 강한 남자들 세계에서는 아부를 못하면 능력이 있어도 평생 핵심 인물이 못 되고 주변인으로 전락하기 쉽다. 따라서 성공한 남자들일수록 아부를 잘할 수밖에 없는 것이다.

사냥터인 직장으로 나간 여자들도 남자 동료와의 경쟁에서 이기려면 남자들로부터 상사에게 아부하는 법을 배워야 한다.

사람은 누구나 남에게 베푼 만큼 자신도 대접을 받아야 한다는 기대를 가진다. 당신의 남자 상사 역시 아부로 그 자리에 올라갔을 것이고, 부하 직원인 당신으로부터 자기가 상사에게 한 만큼의 아부를 받는 것이 정당하다고 생각할 수 있다. 그러니 실력만 믿고 안심하고 있지 말고, 당신의 경쟁자인 남자 동료 못지않은 아부 실력을 길러 실력 외적인 요소로 인해 손해 보는 일이 없도록 하자.

"과장님, 덕분에 좋은 결과가 나왔어요. 감사합니다."

"부장님 말씀대로 하니까 해결되더군요. 정말 놀랐어요. 대단하세요."

몇 마디의 찬사만으로도 얼마든지 윗사람의 마음을 살 수 있지 않은가?

78 - 여자 부하 직원이 공적인 일도 사적으로 받아들일 때

"다시 한번 해봐요."

 많은 남성들이 여자 부하 직원 다루기가 너무 힘들다고 말한다. 그들의 말에 따르면 여자 직원들은 공적인 일을 사적으로 받아들여 일의 흐름을 끊어놓거나, 시간을 지연시켜 업무를 원활하지 못하게 만드는 경향이 있다고 한다. 당신이 이런 상황에 처한 남자 상사라면 이 문제를 어떻게 풀어갈 것인가?

 일단 여자 직원의 잘못을 직설적으로 지적하지 마라. 여자 직원에게는 "보고서가 이게 뭡니까? 엉망이에요!"라고 말하는 대신 "다시 한번 작성해보세요."라고 돌려서 말해야 원망 대신 '우리 상사는 신사'라는 평가를 받을 수 있다.

 파수꾼 뇌 모드의 여자는 직설적인 지적을 받으면 '일이니까 저 사

람이 나한테 그럴 수도 있지.'라고 받아들이는 게 아니라, '저 사람은 나라는 사람 자체를 거부한다.'고 받아들인다. 그래서 언젠가는 당신에게 복수하고 싶은 심리가 생길지도 모른다.

파수꾼 뇌 모드의 여자는 권위적인 사람, 즉 당신 앞에서는 직설적으로 화를 내지는 못하지만, 제삼자에게 소문을 퍼뜨리는 방식 등으로 얼마든지 피해를 줄 수 있으므로 가급적 감정 싸움은 삼가는 것이 좋다. 예를 들어 과장인 당신에게 나쁜 감정을 가지고 있는 여자 직원이, 여직원 회식 등의 모임에서 중역이나 사장에게 "김 과장님은 아랫사람들에게 인심을 잃은 것 같아요. 사람을 함부로 다루더군요."라는 말을 한다고 생각해보라. 얼마든지 가능한 일 아닌가?

특히 다른 사람의 시선에 민감한 것이 파수꾼 뇌 모드의 특징이다. 여자 직원에게 야단을 치거나 잘못을 지적할 때는 다른 사람의 시선을 고려해 공개 망신을 주지 말고 우회적으로 표현하라. 여자들은 그렇게 말해야 잘 알아듣는다.

79 – 남자 상사가 자질구레한 일을 시킬 때

"그건 제 업무가 아닌 것 같습니다."

 규모가 작은 회사에서는 여자 부하 직원에게 잡다한 일을 다 떠넘긴다. 당신이 신입 여직원인데 상급자가 음료수 관리부터 손님 차 대접까지 다 시킨다고 치자. 그러면 당신은 '내가 일하려고 회사에 들어왔지 커피 타려고 들어왔나?' 싶어서 화가 치밀 것이다.

 세상이 변했다는 것을 알면서도 남자들의 사냥꾼 뇌 모드는 '자질구레한 일은 여자가 해야 한다'는 고정관념에서 벗어나지 못한다. 당신이 입사 초기부터 주저하지 말고 "커피는 각자 해결하는 게 좋겠습니다." "냉장고 물 관리는 제 소관이 아닙니다." 하는 말을 분명히 해두면 충돌을 줄일 수 있다.

 '취업도 어려운데 내가 이래도 될까' 하면서 우물쭈물하면 어느새 당신은 회사의 잡다한 일을 다 떠맡는 잡부(?)가 되어버릴 것이다.

남자들의 사냥꾼 뇌 모드는 첫 이미지에 집착해, 사람을 그 최초의 이미지대로 대접하는 성향이 강하다. 따라서 당신이 '잡일을 떠맡는 여자'라는 자신의 이미지를 방치하면 오랫동안 그런 대접을 받게 된다.

80 – 여자 상사의 지시를 이해할 수 없을 때

지시 사항을 되물어 확인하라

　남자 직장인들은 파수꾼 뇌 모드 여자들의 우회적인 표현에 익숙하지 않아 때때로 여자 상사의 지시 내용을 이해하지 못할 수 있다. 직장이라는 사냥터에 나온 기간이 남자들과 비교할 수 없을 만큼 짧은 여자들은 사냥꾼 뇌 모드의 간단 명료하고 직선적인 표현에 약할 수밖에 없다.

　그래서 남자 직원들은 여자 상사가 조그만 잘못에도 아이들 꾸짖 듯 같은 말을 되풀이하며 과거의 잘못까지 시시콜콜 들춰가며 야단을 치면, 자기가 무엇 때문에 야단을 맞는지조차 이해하지 못할 수 있다.

　그러나 당신이 그렇게 말하는 여자 상사의 의도를 빨리 파악하는 방법은 있다. 여자들의 파수꾼 뇌 모드를 이해하고, 여자 상사의 지시 사항을 이해할 수 없으면 다시 확인하면 된다. 번거롭더라도 "그러니까 과장님 말씀은 이번 프로젝트를 다시 하라는 말씀이신 거죠?" "이 부분만 이렇게 바꾸기를 바라시는 건가요?" 등의 질문으로 사전 체크만 제대로 해도 의사소통 장애가 크게 줄 것이며, 머지않아 여자 상사와의 의사소통에 익숙해질 것이다.

81 – 남자 부하 직원의 태도가 건방져 보일 때

감정을 앞세우지 말고 당당하게 말하라

사냥꾼 뇌 모드에는 오랜 세월 여자보다 남자가 우월하다는 잠재의식이 깔려 있었다. 여자인 당신이 그 사실을 부정해도 남자의 뇌 모드가 그렇게 고정되어 있으니 소용이 없다. 이를 부정하는 대신, 당신이 남자 부하 직원보다 지식이 부족하거나 정보가 불확실하면 무시당하기 쉬운 현실을 받아들이는 것이 현명하다.

사냥꾼 뇌 모드의 남자는 직선적이고 즉각적인 표현에 익숙하다. 그래서 자신의 감정을 숨기지 않고 곧이곧대로 표현해 여자 상사인 당신 기분을 상하게 하기 쉽다. 이럴 때 남자 부하 직원에게 파수꾼 뇌 모드로 감정을 앞세워 대응하면 '여자는 별 수 없다'며 깔보기 쉽다. 능력 있고 남자다운 남자일수록 자존심이 강하고 말투도 '싸가

지 없어' 보일 수 있다. 그 대신 지나간 일에 연연하지 않기 때문에, 당신이 감정적으로 대응하지 않고 의연하게 넘기면 언제 그런 일이 있었냐는 듯 당신에게 협조적인 태도로 다가올 것이다.

따라서 남자 부하 직원의 태도가 건방져 보인다고 해서 감정을 앞세우거나 가슴에 새겨둘 필요는 없다. 물론 무조건 참으며 스트레스 받을 필요도 없다.

남자 부하 직원의 태도가 건방지게 느껴지면 그저 솔직하게 "오늘 태도가 건방져 보여. 왜 그러지? 나한테 불만 있어?"라고 말하면 된다. 물론 감정적인 표현은 자제하면서. 그렇게만 한다면 당신은 자신의 정신 건강을 해치지 않고도 남자 직원을 잘 다룰 수 있게 될 것이다.

이상적인 배우자감 고르는 법과
디지털 미디어 활용법

결혼 후에도 대화하기 힘든 남자 유형 15가지

연애 때는 결점도 매력으로 보인다. 가족이나 친구가 그 사람의 결점을 지적하면 "내가 고칠 수 있을 거야. 난 자신 있어."라며 반박한다. "그 사람은 그게 매력이야." "남자가 다 그렇지." "결혼하면 달라져." 등의 말로 남자를 위해 변명까지 한다. 그러나 결혼 후 현실에 부딪히면 그 남자의 결점은 스트레스의 원인이 된다.

다음과 같은 유형의 남자들과는 결혼해도 대화가 안 된다. 결혼은 피하는 것이 좋다.

마음이 꼬인 남자

공부나 일을 잘하고 예술 세계를 열어가는 것도 다 자신감이 원동

력이 되어야 최고까지 간다. 자신감 없는 남자는 아무것도 못하면서 열등감만 많다. 남자들이 일반적으로 갖고 있는 자존심과 열등감이 뒤섞여 마음이 꼬인 상대는 피하라. 꼬인 사람은 아무리 좋은 말도 비꼬아서 받아들이기 때문에 대화가 안 된다. 이런 남자는 결혼 후 아내를 질리게 한다.

타인을 우습게 여기는 남자

타인을 우습게 여기는 남자는 결혼 후 아내도 우습게 여길 확률이 높다. 타인을 우습게 여긴다는 것은 남을 이해할 만한 인성을 갖추지 못했다는 증거다.

술주정 심한 남자

남자들은 고지식해서 한번 굳어진 버릇은 웬만해서는 못 고친다. '결혼하면 정신 차리고 고치겠지.' 라고 기대해봐야 소용없다. 나쁜 술버릇은 결혼하면 긴장이 풀려 더 심해졌으면 심해졌지 고쳐지지 않는다.

자기 관리에 전혀 신경 안 쓰는 남자

자기 관리를 못하면 사회 생활을 잘할 수 없다. 타인을 의식하지 않고 꾀죄죄한 차림으로 다니거나 칠칠맞게 자기 물건을 흘리고 다니는 사람은 어디서도 환영받지 못한다. 사회란 타인과 더불어 사는 조직이기 때문에, 자기 관리는 타인을 위한 배려이기도 하다. 자기 관리를 못하는 사람은 남을 배려할 줄도 모른다. 따라서 이런 남자는 결혼해도 가족을 배려하기 힘들 것이다. 결혼 후 자기만 위해달라는 이기주의자로 변할 수 있다.

돈을 우습게 아는 남자

돈은 생명이 있어서 자기를 아껴주는 사람을 따라 다닌다는 말이 있다. 돈을 우습게 아는 남자는 돈이 따르지 않아 가난하게 살기 쉽다. 그리고 이런 사람은 쓸 돈은 써야 한다고 생각해 카드 빚 같은 것을 쉽게 생각할 수 있다. 당신이 그것을 다 감당하고 평생을 사랑할 자신이 없는 한, 이런 남자는 사양하는 것이 좋다.

안 끼는 데가 없는 남자

연애 때는 나서기 좋아하고 친구가 많은 남자가 멋져 보인다. 그러나 그런 남자는 자기 실속을 차릴 줄 모르고, 빚 보증을 서거나 도와달라는 사람을 다 도와주려다가 패가망신하기 쉽다. 친구가 많은 것은 좋지만, 친구와의 관계에서도 자기 절제를 할 줄 아는 남자라야 가족을 고생시키지 않는다.

표현할 줄 모르는 남자

표현은 습관이다. 사용하지 않던 말은 여간해선 입에서 나오지 않는다. 연애 때 표현이 부족한 남자는 결혼 후에는 점점 더 말이 줄어들어 답답한 남편이 될 가능성이 높다. 결혼 후 남편이 제때에 "고맙다." "사랑한다."라고 말하지 않아도 우울증에 빠지지 않을 자신이 있다면 이런 남자와 결혼하라.

고마워할 줄 모르는 남자

잘해주어도 고마워할 줄 모르고 당연하게 받아들이는 남자는 결혼 후 아내가 집에서 고생해도 신경을 쓰지 않을 것이다. 이런 남자는 부모가 너무 위해가면서 길러, 자기가 받는 것은 당연하고 자기가 주는 것은 대단하다는 의식이 강하다.

성질나면 물불 안 가리는 남자

성격이 급하고 자기 하고 싶은 일은 물불 안 가리고 하는 강한 남자는 결혼 전에는 남자답고 멋있어 보인다. 하지만 결혼 후에는 폭군이 될 가능성이 높다. 이런 남자는 감정을 다스릴 줄 몰라 아내를 때리거나, 심하면 아이들에게도 폭력을 행사하는 아버지가 될 가능성이 크다.

허풍 센 남자

사회적 서열을 중요시하는 남자들은 자신의 지위를 높여보려고 허풍을 떤다. 그러나 허풍이 너무 심하면 주변의 신용을 얻지 못한다. 상대편 말이 어디까지 진실인지를 따져가면서 결혼 생활이 행복할 수 있겠는지를 생각해보면, 왜 이런 남자를 피해야 하는지 알 수 있을 것이다.

듣지 않고 자기 말만 하는 남자

남의 말을 귀담아듣지 않고 자기 말만 하는 남자는 대체로 이기적이다. 결혼 후에는 아내 의견을 무시하고 자기 멋대로 행동할 가능성이 높다. 더 늦기 전에 정리하는 것이 현명하다.

책임을 전가하는 남자

남자의 사냥꾼 뇌 모드에서 가장 긍정적인 부분이 바로 책임감이다. 책임감이 없다면 남자로서 쓸모가 없다고 해도 과언이 아니다. 책임감이 없을 뿐 아니라, 심지어 자신의 잘못도 남의 책임으로 떠넘기는 남자는 머지않아 당신의 무거운 짐이 된다.

약속을 잘 지키지 않는 남자

데이트 시간을 어기거나 전화 약속을 자주 잊어버리는 남자는 사회적 신용도 좋지 않을 가능성이 높다. 가정에서 시간 개념을 배우지 않았거나 사회 질서를 지키는 일에 익숙하지 않을 가능성이 높다. 데이트 중에 약속을 자주 깨는 남자가 결혼 후라고 해서 약속을 잘 지킨다는 보장은 없다. 이런 남자와의 결혼은 신중하게 고려해라.

눈치 없는 남자

때와 장소를 가리지 못하고 아무 데서나 불쑥 할 말, 안 할 말 다 해버리는 남자는 사회에서 환영받기 힘들다. 사회적 지위가 높으면 고급 정보를 많이 갖게 되고, 고급 정보일수록 기밀 사항이 많아 함부로 누설하는 사람에게는 맡기지 않기 때문이다. 아무 데서나 눈치 없이 말하는 남자가 솔직해서 매력적일지는 모르지만, 사회 적응에 문제가 있어 결혼 후 가정 경제를 믿고 맡기기 힘들다.

잘 씻지 않는 남자

씻는 것은 어릴 때부터 습관을 들여야 한다. 어려서 들이지 못한 습관은 결혼 후에도 들이기 어렵다. 잘 씻지 않는 남자가 사회에서 중책을 맡기는 어려울 것이다.

결혼 후에도 대화하기 힘든 여자 유형 15가지

 남자들은 연애에 빠지면 여자들보다 더 이성을 잃는다. 여자를 잘못 사귀어 사회 생활이나 부모와의 관계마저 깨져 불행해지는 남자들도 있다. 하지만 결혼을 해도 대화가 힘든 여자 유형과 사랑에 빠지지 않도록 미리 조심하면 불행을 막을 수 있다.

명품에 살고 죽는 여자
 명품이 좋기는 누구나 마찬가지다. 그러나 명품이 아니면 안 된다며 명품에 살고 죽는 여자는 허영심 때문에 남자를 곤경에 빠뜨릴 가능성이 높다. 결혼 후에도 소비 습관을 버리지 못해 남편을 괴롭힐 것이다. 특히 명품에 매달리는 사람들은 열등의식이 강해 명품으로 그 열등감을 위장하려는 의식을 가졌거나, 내세우기 곤란한 신분을 위장하려는 목적이 있을 가능성도 높다. 그녀가 당신을 속이고 있지 않은지 냉정하게 살펴보라.

노골적으로 선물을 사달라는 여자

가정 교육을 제대로 받은 집 딸은 남자에게 물건을 사달라는 말을 하지 않는다. 남자의 사냥꾼 뇌 모드는 여자에게 대가 없이 물건을 주지 않는다는 사실을 부모로부터 배워 알고 있기 때문이다. 남자는 대체로 성적 대가로 물건을 준다. 따라서 서슴없이 남자에게 물건을 사달라고 말하는 여자는 부모에게서 제대로 된 성교육을 받지 않고 자랐을 가능성이 높다. 이런 여자들은 부부 관계의 신의를 쉽게 저버려 남편에게 큰 상처를 입힐 수 있다.

돈 씀씀이가 너무 크거나 쩨쩨한 여자

결혼 생활 갈등 중 반 이상이 돈 때문에 일어난다. 결혼하면 대체로 여자가 가계 운영을 맡기 때문에, 아내의 돈 씀씀이가 너무 헤프면 살림이 엉망이 된다. 반면 아내의 돈 씀씀이가 너무 쩨쩨하면 경조사 등에 소홀해 친인척 관계에서 갈등을 일으킬 수 있다.

자기 할 일은 안 하고 남에게 시키기만 하는 여자

어디 가나 귀찮은 일은 남에게 미루고 외모만 꾸미는 얌체 같은 여자들이 있다. 이런 여자는 여자들 사회에선 절대 환영받지 못한다. 결혼하면 시어머니를 분노케 하고, 시누이와도 끊임없는 갈등을 일으킬 수 있으니 조심하는 것이 좋다. 잘못하면 전업 주부가 되어서도 가사 노동을 전적으로 남편에게 미룰 가능성도 높다.

미안해할 줄 모르는 여자

잘못을 저지르고도 미안해할 줄 모르는 여자에게는 대개 기본적인 도덕 관념이 없을 가능성이 크다. 결혼 후에는 남편의 주변 사람들에게 자주 결례를 범할 수 있으며, 그것이 결례라는 사실조차 몰라 남편의 앞길을 막을 수 있다.

뻔한 거짓말을 천연덕스럽게 잘하는 여자

허영심 많은 여자는 자신을 위장하거나 돋보이게 하려고 뻔한 거짓말을 양심의 가책도 없이 잘한다. 성장 과정에서 양심을 조절하는 자아가 성장하지 못해 위선적인 생활에 익숙한 것이다. 이런 여자는 신용을 잃어 고립되기 쉬우며, 심한 경우엔 함부로 돈을 빌려 쓰고 갚지 않아 문제를 일으킬 수 있다.

성생활을 죄악으로 보는 여자

너무 종교적이거나 인간에 대한 이해가 부족해, 성생활을 죄악시하는 여자는 남자를 괴롭힐 수 있다. 불감증이 있거나 성적 센스가 무뎌 남편의 욕구를 동물적인 것이라고 몰아세울 수 있기 때문이다. 이런 여자는 결혼 전에는 순결해 보여 좋을 수 있지만, 결혼 후에는 성생활에 트러블을 일으켜 남편을 외롭게 할 수 있다. 당신이 섹스 파트너와 아내를 따로 둘 수 없다면 이런 여자와의 결혼은 피하는 것이 상책이다.

자주 바람을 맞히는 여자

남자와의 약속을 자주 어기는 여자는 결혼 후 남편을 우습게 여길 가능성이 높다. 남자에게는 무조건 튕겨야 한다는 잘못된 사고방식 때문에 제멋대로 굴 가능성이 높고, 남편이 통제하기 어려운 아내가 되기 쉽다. 결혼 생활에서도 남편의 사정을 고려하지 않고 멋대로 행동할 가능성이 높다.

너무 용의주도하고 완벽한 여자

청소를 해도 반짝반짝 윤이 나야 하고, 책꽂이의 책도 반드시 줄이 맞아야 직성이 풀리는 여자는 남자의 털털하고 자유로운 기분을 이해하지 못해 남편의 사소한 행동을 제약하기 쉽다. 살림을 할 때는 정리 정돈을 잘해 좋을 수 있겠지만, 당신이 결혼으로 구하는 것이 청소부가 아니라면 이런 여자는 당신을 너무 피곤하게 할 것이다.

남 외모를 탓하는 여자

다른 여자의 외모나 탓하고 흉보는 여자들은 자기 책임은 다하지 않으면서 남 탓만 하는 유형의 사람일 가능성이 높다. 결혼하면 모든 책임을 남편에게 전가하고 자기는 편하게 살려고 할 가능성이 많은 여자다.

남의 험담을 즐기는 여자

뒷말을 많이 하는 것도 습관이다. 평소 남의 험담을 즐기는 여자는 이미 그런 습관을 가지고 있는 여자라고 해도 과언이 아니다. 이런 여자는 결혼 후에도 시댁 식구나 주위 사람에 대한 뒷말이 많아 갈등이 끊이지 않게 할 수 있으며, 이웃에 대한 뒷말로 말썽을 일으켜 주변에서 좋지 않은 평판을 얻을 수 있다.

부끄러워할 줄 모르는 여자

부끄러움을 모르는 여자는 뻔한 잘못을 저지르고도 미안해할 줄 모른다. 그 때문에 이웃이나 주변과 갈등을 일으킬 수 있으며, 남에게 미움받고 따돌림당하기도 쉽다. 결혼하면 부부는 같은 인격의 사람으로 취급당한다는 사실을 기억하라.

상대방에 면박 주기를 서슴지 않는 여자

너무 똑똑하고 자기 주장이 강한 여자는 남에게 면박 주는 것을 서슴지 않는다. 그러나 면박을 받은 사람은 상처를 입고 언제든 보복하려 할 것이다. 이런 여자는 적이 많고 인간관계가 좋지 않아, 결혼하면 남편에게도 좋은 아내 역할을 하기 힘들다.

매사를 돈으로 환산하는 여자

남이 입은 옷이나 남의 살림살이를 보면 가장 먼저 "얼마짜리냐?"라고 묻는 여자들은 셈이 빨라 부자가 될 가능성은 높다. 그러나 매사를 돈으로 환산하기 때문에, 남편이 돈을 못 벌면 남편도 무시할 가능성이 높다. 또 남들에게 미움받을 확률도 크다. 당신이 아주 부자가 아닌 한 피하는 것이 좋다.

자기 주변을 정리할 줄 모르는 여자

벗은 옷가지, 마시고 난 음료수 컵 등을 정리할 줄 모르는 여자는 결혼 후 가정을 엉망으로 만들 가능성이 높다. 기본적인 파수꾼 역할을 배우지 못해 사냥꾼 뇌 모드의 남편을 끝없이 괴롭힐 수 있다.

소셜 미디어를 통해 이성 친구 찾을 때

입바른 소리와 튀는 말을 구분하라

소셜 미디어는 이미 이상적 이성 찾기에 적극 활용되고 있다. 미국의 한 조사 보고서는 여자 5명 가운데 4명, 남자 5명 가운데 3명이 문자 메시지와 페이스 북 및 여러 소셜 네트워킹을 통해 만난 이성과 더 빨리 성관계를 맺는다는 조사 결과를 공개했다.

이 보고서는 스마트 폰과 컴퓨터를 통해 사전 교감한 사람이 만난 지 얼마 안 돼 깊은 관계로 이어지는 경우가 많다고 밝혔다. 조사에 응한 사람의 65%는 문자 메시지로, 49%는 페이스 북 메시지로 데이트 신청을 받았다고 대답했다.

얼마 전 트위터에 들어갔다가 한 젊은 남성이 "여기서 이성을 만나려는 분들이 많다고 들었다. 어장 관리도 확실히 한다던데……"

라는 비난조의 글을 올린 것을 읽었다. 그가 올린 다른 글들을 참고해 보니 아직 이렇다 할 이성 친구가 없는 것 같았다. 그의 말투가 이성 친구 사귀기에 걸림돌이 되었을 거라는 생각이 들었다. 돈을 천하게 여기면 절대 부자가 될 수 없듯 이성 교제에 대해 부정적 시선을 가지면 절대 좋은 이성을 만날 수 없기 때문이다. 말은 뇌를 지배하고 뇌는 사고방식의 틀을 만든다. 어떤 사실에 대해 부정적인 말을 자주하면 그 일에 대한 부정적 관점이 굳어진다. 그때부터는 부정적인 면만 눈에 들어온다.

이상적인 이성 친구를 만나려면 사이버 공간에서의 이성 교제도 적극 활용하는 것이 현명하다. 남을 비난하거나 공격하지 말고 당신 주변에 좋은 사람들이 모여들도록 긍정적이고 매력적인 콘텐츠들을 올려볼 것을 권한다.

사이버 대화를 통해 이상적인 이성을 만나려는 남자들은 직설 화법을 삼가야 한다. 남자들은 본성적으로 직설화법을 선호한다. 그것을 증명하듯 올려진 글들에서 민망할 정도로 직설적으로 말하는 남자들을 본다. 사이버 상에서 이상형을 만나려면 과격한 언어, 누군가를 공격하는 말, 날카롭다 못해 험악한 비판 등은 올리지 않는 것이 좋다. 여성은 튀는 말은 좋아하지만 공격적인 말에는 거부감이 크다. 무조건 자기를 모욕하는 것으로 해석하는 경향이 있음을 염두에 둘 필요가 있다.

또한 여자는 말꼬리를 잡거나 핵심 없는 이야기를 삼가야 한다. 남자들이 가장 싫어하는 화법이다.

사이버 공간은 너도 나도 말을 토해내기 때문에 항상 말의 쓰나미가 일어난다. 주목 받으려면 튀는 말과 영상이 필요하다. 평범하거나 누구나 할 수 있는 말은 금세 파묻혀 존재 부각이 어렵다. 그래서 사이버 상에서는 튀는 콘텐츠가 사람들의 이목을 끄는 주요 요소로 작용한다.

튀는 말을 하되 가려 해야 한다. 공격적이거나 비난조의 말과 튀는 말을 혼동하지 말아야 한다. 많은 사람들이 입바른 소리나 막말을 튀는 말로 착각한다. 튀는 말은 사회적 금기를 깨거나 문제의 핵심을 명확하게 집어내서 사람들의 동의와 공감을 얻는 말이다. 반면에 공격적인 말은 특정 대상을 향한 비판, 비난, 독설 등이다. 일시적 주목은 받지만 항상 큰 대가를 치러야 한다.

전화, 문자로 연애할 때

글자와 목소리 속 감정을 이해하라

　남녀 간의 대화는 얼굴을 마주보고 해도 막히기 쉽다. 그런데 문자나 전화는 몸의 언어를 전혀 관찰할 수 없다. 오해 발생률이 훨씬 높다. 장거리 연애나 서로 얼굴을 마주하기 어려운 현실에서 전화나 문자는 연인 간의 중요한 대화 통로일 수밖에 없다. 그러나 오해 요소를 모르면 연애를 위태롭게 할 수 있다. 문자나 전화 연애에 성공하려면 남녀 간의 대화 방식의 차이와 해석 코드는 반드시 알아야 한다.
　인터넷에서 빌려온 남녀의 통화 내용을 보자. 이것으로 남녀 간의 서로 다른 언어 해석 코드 차이를 설명하려고 한다. 훨씬 이해가 쉬울 것이다.

여자 : 자동차 시동이 안 걸려…….

남자 : 배터리 나간 거 아냐? 라이트는 켜져?

여자 : 어제까지는 문제 없었는데. 왜 갑자기 시동이 안 걸리지? 약속시간에 늦었는데 어떡해.

남자 : 자동차 배터리 나갔을 수도 있으니까, 그거 확인부터 해 보자구. 라이트 켜 봐.

여자 : 시동이 안 걸리는데 라이트는 왜?

남자 : 라이트 좀 켜 봐!

남자는 여자가 자기 말을 받아들이지 않고 엉뚱한 말만 하는 것에 실망했을 것이다. 자신은 느끼지 못하지만 이미 목소리가 커지고 무뚝뚝해졌을 것이다. 여자는 목소리 톤의 변화에 민감하다.

여자 : 혹시 지금 화내고 있는 거야?

남자 : 아니 화 안 났어.

여자 : 화내고 있잖아. 왜 화 내?

남자 : 그러니까, 화 안 났다고!

여자 : 내가 뭐 잘못했어?

여자는 남자의 목소리에 꽂혀 감정 상태만 읽는다. 뭔가 불편해

보이는 남자 목소리에 신경이 쓰인다. 남자는 생리적으로 같은 말의 반복을 싫어한다. 이 남자는 이미 라이트 켜보라는 말을 여러 번 반복했다. 연애 중이기 때문에 화를 참고 있지만 이미 화가 난 상태다. 여자는 그것을 읽었다. 남자도 이제는 여자의 심기를 건드린 것 같아 불안해진다. 그래서 다시 마음을 가라앉히고 처음부터 다시 말하려고 노력한다.

남자는 더욱 자동차 문제 해결에 대한 의무감에 사로잡힌다. 그래서 여자가 딴 소리를 하는데도 자꾸만 배터리 체크를 하라고 반복해서 말한다. 그것만으로도 남자는 인내심을 최대한 발휘한 것이다. 여자는 여전히 상황에 대한 걱정만 한다.

문자와 통화로 연애를 할 때 남자는 여자가 어떤 상황을 설명하면 일단 같이 걱정해 주고 위로해 주어야 한다. 불쑥 해결책을 말하지 말고 여자가 실천하기 쉬운 방향으로 하나씩 유도해야 한다.

여자는 먼저 선입견이나 부담을 느끼지 않아야 남자의 말을 액면 그대로 받아들일 것이다. "내 말을 우습게 안다"느니 "화난 데 부채질 한다"는 등의 의미 확장을 삼가야 한다. 남자는 걱정이나 위로보다 문제 해결을 더 중요시한다는 점을 인정해야 한다. 그래야 전화나 문자로도 더욱 관계가 깊어지는 행복을 느낄 수 있을 것이다.

맺음말

이 글을 마치며

　남녀의 뇌 모드를 중심으로 대화 장애 극복 방법을 소개하다 보니 약간은 단선적으로 흐른 느낌을 지울 수 없다. 변명을 하자면 대화란 본래 타고난 성격부터 자라온 배경, 부모의 양육 태도 등 여러 요소가 고려되어야 하는데, 그 모든 문제를 이 책에서 전부 다룰 수 없는 한계 때문이다.

　남녀 간에도 타고난 개성과 부모의 양육 태도, 가정 분위기, 출신 학교, 주변을 둘러싸고 있는 사람들, 직업 등에 따라 여자지만 남자 성향이 강한 여자, 남자지만 여자 성향이 강한 남자도 매우 많다. 그러나 이 책에서는 남녀 대화의 원초적인 걸림돌인 뇌 모드 차이에서 오는 사고 체계와 그 파생물인 언어 사용법의 극명한 차이만을 다루었다.

　남녀의 뇌 모드 차이를 깊이 인식시키기 위해 반복 어법을 많이 사용했다는 점을 밝혀둔다. 동어 반복 표현은 자칫 지루해질 수 있지만, 뇌리에 깊이 새기는 데는 매우 유용한 표현법이다. 아무쪼록 이러한 내 의도가 독자들에게 제대로 전달되기를 바란다.

  이 책의 말미에 결혼 후에도 대화하기 힘든 이성의 유형을 첨가한 것은, 남녀 뇌 모드를 이해해도 대화가 통하지 않는 이성과는 근본적으로 의사소통 장애를 극복하기 힘들기 때문이다. 그런 장애가 있는 사람은 처음부터 나와 맞지 않는 이성 유형이기 때문에 피하는 방법밖에 없음을 알리고 싶었다.

  나는 이 책을 마무리하면서, 개인적으로 결혼을 앞둔 지인들과 친인척에게 꼭 선물하고 싶어서 발송 명단을 작성했다. 그 어떤 혼수보다 이성의 뇌 모드와 언어 사용법을 이해하고 결혼하는 것이 중요하다는 확신 때문이다.

  이러한 내 생각이 단지 혼자의 생각으로만 끝나지 않고, 많은 독자들에게도 전이되기를 희망하며 글을 맺는다.

남녀 성 차이를 뛰어넘는 대화

체크
리스트

 사랑하는 연인 또는 배우자와 대화가 막혀 고민인 사람들은 무엇보다 먼저 이성의 뇌 모드부터 이해해야 한다. 나와 정반대인 이성의 뇌 모드를 이해하는 것만으로도 대화의 장애물은 크게 줄어들 것이다. 그럼 지금부터 당신이 얼마나 이성의 뇌 모드를 이해하고 대화하는지 체크해보고, 점수에 따라 이성의 뇌 모드에 맞는 대화법을 개발해보기 바란다.

① 미혼 여성 | 연인과의 대화 마찰 지수 체크

다음 질문에 ① 자주 그렇다 ② 그런 편이다 ③ 가끔 그렇다 ④ 그런 적이 별로 없다 ⑤ 전혀 그렇지 않다로 답하기 바랍니다.

1. 우리는 성격이 너무 달라 말이 안 통할 때가 많다.
   ① 자주 그렇다　　② 그런 편이다　　③ 가끔 그렇다
   ④ 그런 적이 별로 없다　⑤ 전혀 그렇지 않다

2. 싸운 후 내 남자는 대체로 싸움의 원인을 기억하지 못한다.
   ① 자주 그렇다　　② 그런 편이다　　③ 가끔 그렇다
   ④ 그런 적이 별로 없다　⑤ 전혀 그렇지 않다

3. 내 남자는 종종 이기적인 말을 한다.
   ① 자주 그렇다　　② 그런 편이다　　③ 가끔 그렇다
   ④ 그런 적이 별로 없다　⑤ 전혀 그렇지 않다

4. 내 남자는 내가 한 중요한 말을 기억하지 못하고 자기는 들은 적이 없다고 우긴다.
   ① 자주 그렇다　　② 그런 편이다　　③ 가끔 그렇다
   ④ 그런 적이 별로 없다　⑤ 전혀 그렇지 않다

5. 내가 중요한 말을 할 때, 내 남자가 성의 없이 들어 섭섭하다.
   ① 자주 그렇다   ② 그런 편이다   ③ 가끔 그렇다
   ④ 그런 적이 별로 없다   ⑤ 전혀 그렇지 않다

6. 내 남자는 말없이 멍하니 앉아 있어, 나에게 혹시 다른 여자가 생긴 것은 아닐까 하는 오해를 산다.
   ① 자주 그렇다   ② 그런 편이다   ③ 가끔 그렇다
   ④ 그런 적이 별로 없다   ⑤ 전혀 그렇지 않다

7. 내 남자는 내 옷차림을 일일이 간섭하며 노출은 아주 싫어한다.
   ① 자주 그렇다   ② 그런 편이다   ③ 가끔 그렇다
   ④ 그런 적이 별로 없다   ⑤ 전혀 그렇지 않다

8. 내 남자는 내 말을 중간에서 끊고 자기 말만 한다.
   ① 자주 그렇다   ② 그런 편이다   ③ 가끔 그렇다
   ④ 그런 적이 별로 없다   ⑤ 전혀 그렇지 않다

9. 내 남자는 나를 사랑한다면서도 다른 여자에게 눈길을 준다.
   ① 자주 그렇다   ② 그런 편이다   ③ 가끔 그렇다
   ④ 그런 적이 별로 없다   ⑤ 전혀 그렇지 않다

10. 내 남자는 내 앞에서 다른 사람과 긴 통화를 하면서도 미안해하지 않는다.
    ① 자주 그렇다   ② 그런 편이다   ③ 가끔 그렇다
    ④ 그런 적이 별로 없다   ⑤ 전혀 그렇지 않다

각 항목의 ①번에는 2점 ②번에는 4점 ③번에는 6점 ④번에는 8점 ⑤번에는 10점을 주어 채점하기 바랍니다.

80 이상

당신의 점수가 80점 이상이라면 당신은 비교적 연인의 마음을 이해하려는 열린 자세를 가진 여성입니다. 그 대신 모든 것을 남자 위주로 생각해 자신에게 쌓이는 분노와 화가 많을 것입니다. 화나 분노는 제때 해소하지 못하면 나중에 몸이나 마음이 크게 상할 수 있습니다. 그렇게 되면 지금은 연인과 사이 좋게 지낼 수 있지만, 나중에 갈등의 골이 깊어져 관계가 깨지기 쉬우니 조심하는 것이 좋습니다. 분노와 화를 느끼지 않고도 연인과 대화를 잘하려면 이 책의 〈연애 중에〉 편을 여러 번 읽어보고 남자의 뇌 모드를 이해하기 바랍니다. 남자의 뇌 모드를 이해하면 연인에게 생기는 갈등을 그때 그때 풀어 지금의 좋은 관계를 이어나갈 수 있을 것입니다.

60~80

당신의 점수가 60점부터 80점 사이라면 당신은 연인의 태도를 이해할 듯하다가 이해할 수 없을 듯해서 헷갈릴 때가 많을 것입니다. 그러나 당신은 비교적 남자의 특성을 이해하려는 열린 마음을 가져, 조금만 노력하면 연인과의 대화를 잘할 수 있습니다. 이 책을 전체적으로 읽어보고, 상황에 따른 남녀 대화법 중 〈연애 중에〉 편을 눈여겨 보고 활용해보면 남자의 뇌 모드가 이해될 것입니다. 물론 이 책에서 설명한 결혼 이후의 상황에 대해서도 읽어두면, 미래의 남편과도 대화 문제로 고통을 겪지 않을 것입니다.

40~60 당신의 점수가 40점부터 60점 사이라면 당신은 연인의 어떤 말은 이해되지만, 대부분의 말과 태도가 이해 안 돼 자주 다툴 것입니다. 당신은 연인에게 마음에도 없는 소리를 해 상처를 줄 수 있고, 당신 연인도 전염돼 당신에게 마음에도 없는 말로 상처를 입힐 것입니다. 어쩌면 당신 남자는 당신과 말이 통하지 않아, 지금 말이 통하는 다른 여자를 찾고 있을지도 모릅니다. 당신이 지금의 연인을 잃고 싶지 않으면 당장 이 책에서 남자와 말이 통하는 법을 익혀야 할 것입니다. 가능한 한 전체적으로 두 번 정도 읽고, 그때 그때 상황에 맞게 참고해서 대처하기 바랍니다. 특히 〈연애 중에〉 편을 외울 정도로 읽고 실천에 옮기면 당신 남자의 마음을 꽉 붙들어둘 수 있을 것입니다.

40 미만 당신의 점수가 40점 미만이라면 당신은 남자의 뇌 모드를 거의 이해하지 못하는 여성입니다. 당신 연인은 가끔 당신의 말과 행동이 황당하게 느껴져 당신에게 질릴 수도 있습니다. 당신이 지금의 연인과 지속적으로 좋은 관계를 유지하려면, 남자의 특성에 맞는 대화법을 익혀야 합니다. 이 책에서 남자들의 특성을 적어도 세 번 이상 읽어보면 남자 특유의 뇌 모드가 어느 정도 이해될 것입니다. 그렇게 되면 당신은 당신 남자의 언행이 이상한 것이 아니라 남자다움의 특징이라는 것을 이해하면서, 연인과의 관계가 편안해질 것입니다.

② 미혼 남성 | 연인과의 대화 마찰 지수 체크

다음 질문에 ① 자주 그렇다 ② 그런 편이다 ③ 가끔 그렇다 ④ 그런 적이 별로 없다
⑤ 전혀 그렇지 않다로 답하기 바랍니다.

1. 나는 내 여자가 자신의 외모가 어떻게 달라졌냐고 물으면, 솔직히 무엇이 달라졌는지 몰라 우물쭈물하다가 핀잔을 듣는다.
   ① 자주 그렇다　　② 그런 편이다　　③ 가끔 그렇다
   ④ 그런 적이 별로 없다　⑤ 전혀 그렇지 않다

2. 나는 내 여자의 잔소리가 귀찮지만 충돌을 피하려고 그녀가 말하는 동안 다른 생각을 한다.
   ① 자주 그렇다　　② 그런 편이다　　③ 가끔 그렇다
   ④ 그런 적이 별로 없다　⑤ 전혀 그렇지 않다

3. 나는 내 여자가 설명 없이 울거나 뚱하게 앉아 있으면 참을 수 없는 답답함을 느낀다.
   ① 자주 그렇다　　② 그런 편이다　　③ 가끔 그렇다
   ④ 그런 적이 별로 없다　⑤ 전혀 그렇지 않다

4. 나는 내 여자가 나의 사소한 잘못에 케케묵은 옛 일까지 들먹이며 들볶아 당황한다.
   ① 자주 그렇다　　② 그런 편이다　　③ 가끔 그렇다
   ④ 그런 적이 별로 없다　⑤ 전혀 그렇지 않다

5. 나는 내 여자에게 내가 뭘 잘못했는지도 모른 채 꾸지람을 듣는다.
   ① 자주 그렇다　　② 그런 편이다　　③ 가끔 그렇다
   ④ 그런 적이 별로 없다　⑤ 전혀 그렇지 않다

6. 나는 아무리 생각해봐도 여자라는 존재를 이해할 수 없다.
   ① 자주 그렇다　　② 그런 편이다　　③ 가끔 그렇다
   ④ 그런 적이 별로 없다　⑤ 전혀 그렇지 않다

7. 나는 내 여자가 나를 가만 내버려두었으면 좋겠다고 생각한다.
   ① 자주 그렇다　　② 그런 편이다　　③ 가끔 그렇다
   ④ 그런 적이 별로 없다　⑤ 전혀 그렇지 않다

8. 나는 여자가 옷을 골라주거나 자기가 하라는 대로 행동하기를 강요해 화가 난다.
   ① 자주 그렇다　　② 그런 편이다　　③ 가끔 그렇다
   ④ 그런 적이 별로 없다　⑤ 전혀 그렇지 않다

9. 나는 여자들이 왜 그렇게 남의 눈치를 많이 보는지 이해할 수 없다.
   ① 자주 그렇다　　② 그런 편이다　　③ 가끔 그렇다
   ④ 그런 적이 별로 없다　⑤ 전혀 그렇지 않다

10. 나는 내가 아무리 열심히 노력해도 여자가 마음에 들어하지 않아 허탈하다.
    ① 자주 그렇다　　② 그런 편이다　　③ 가끔 그렇다
    ④ 그런 적이 별로 없다　⑤ 전혀 그렇지 않다

각 항목의 ①번에는 2점 ②번에는 4점 ③번에는 6점 ④번에는 8점 ⑤번에는 10점을 주어 채점하기 바랍니다.

80 이상

당신의 점수가 80점 이상이라면 당신은 여자에 대해 잘 이해하는 남자입니다. 당신의 부드러운 말에 넘어오는 여자들이 많아, 당신은 스스로 만족감에 젖어 바람둥이가 될 가능성도 있습니다. 그러나 정작 당신이 좋아하는 여자는 바람둥이라는 오해 때문에 붙잡지 못할 수도 있습니다. 당신이 여자 특유의 파수꾼 뇌 모드를 과학적으로 이해하면 이런 일을 막을 수 있습니다. 이 책 가운데 〈연애 중에〉 편에서 여자의 뇌 모드 이해법을 찾아 읽어보기 바랍니다. 이 책 전체를 다 읽어두면 결혼 후의 갈등도 예방할 수 있을 것입니다.

60~80

당신의 점수가 60점부터 80점 사이라면 당신은 비교적 연인과 대화를 잘해보려고 노력하는 남자입니다. 그러나 너무 연인의 비위를 맞추려다 남자다운 카리스마를 잃고 여자에게 무시당할 수 있으니 조심하기 바랍니다. 당신이 진정으로 여자의 뇌 모드를 이해하면, 억지로 여자의 비위를 맞추지 않아도 카리스마를 유지한 채 여자의 사랑을 얻을 수 있습니다. 이 책을 전체적으로 읽어보고, 남자에게 해당되는 각 항목을 생활에서 실천해보면 이런 문제를 해결하고 연인과 편안하게 대화를 할 수 있을 것입니다.

40~60

당신의 점수가 40점부터 60점 사이라면 당신은 당신 여자의 언행을 이해할 생각을 많이 하지 않는 남자입니다. 노력을 해도 여자의 뇌 모드를 몰라, 노력에 비해 성과가 적을 것입니다. 이 책을 전체적으로 두 번 정도 읽어보고, 남자와 전혀 다른 여자의 뇌 모드를 이해하고 여자의 뇌 모드에 맞는 대화법을 익히면 지금의 갈등을 반 이상으로 줄일 수 있습니다. 이 점수대의 남자는 특히 〈연애 중에〉 편을 세심하게 읽고 실천하면 큰 도움을 얻을 수 있습니다.

40 미만 당신의 점수가 40점 미만이라면 당신은 여자의 뇌 모드를 아예 모르는 남자입니다. 그래서 당신은 어떤 여자를 사귀어도 대화가 안 통한다고 느낄 것입니다. 당신을 사귀는 여자들은 한결같이 당신을 독재자 또는 꽉 막힌 남자로 평가할 것입니다. 따라서 당신이 이성과 평화롭게 지내려면 여자들의 뇌 모드부터 익혀야 합니다. 이 책을 서너 번 이상 읽어보면 여자의 뇌 모드가 이해될 것입니다. 여자의 뇌 모드가 이해되면 연인을 대하는 태도가 저절로 변합니다. 당신이 지금의 연인을 지키고 싶거나 지금의 연인과 헤어지고 다른 연인을 사귄다 하더라도, 여자의 뇌 모드 이해 없이는 여자와 좋은 관계 유지는 물론 원만한 결혼 생활도 어렵습니다. 그러나 이 책이 당신으로 하여금 여자의 뇌 모드를 이해할 수 있게 해줄 것입니다.

③ 기혼 여성 | 남편과의 대화 마찰 지수 체크

결혼 생활에 들어가면 남녀의 상반된 뇌 모드는 본격적으로 충돌하기 시작합니다. 그러나 상반된 이성의 뇌 모드만 이해하면 얼마든지 대화의 포커스를 상대방에게 맞춰 평화롭게 지낼 수 있습니다. 다음 질문에 ① 자주 그렇다 ② 그런 편이다 ③ 가끔 그렇다 ④ 그런 적이 별로 없다 ⑤ 전혀 그렇지 않다로 답하기 바랍니다.

1. 남편이 결혼 후 갑자기 냉랭해져 당황스러웠다.
   ① 자주 그렇다   ② 그런 편이다   ③ 가끔 그렇다
   ④ 그런 적이 별로 없다   ⑤ 전혀 그렇지 않다

2. 남편은 결혼 전과 달리 나보다 친구들을 더 좋아해 귀가 시간을 앞당기지 못한다.
   ① 자주 그렇다   ② 그런 편이다   ③ 가끔 그렇다
   ④ 그런 적이 별로 없다   ⑤ 전혀 그렇지 않다

3. 남편은 회사 일에만 열중하고 나에 대한 관심은 보이지 않는다.
   ① 자주 그렇다   ② 그런 편이다   ③ 가끔 그렇다
   ④ 그런 적이 별로 없다   ⑤ 전혀 그렇지 않다

4. 나는 남편이 나에게 원하는 것은 많고, 해주는 것은 거의 없다고 느낀다.
   ① 자주 그렇다   ② 그런 편이다   ③ 가끔 그렇다
   ④ 그런 적이 별로 없다   ⑤ 전혀 그렇지 않다

5. 남편은 내가 자기 엄마인 줄 착각한다. 그래서 자기를 위해 모든 서비스를 해달라고 한다. 너무하다는 생각이 들 정도이다.
   ① 자주 그렇다   ② 그런 편이다   ③ 가끔 그렇다
   ④ 그런 적이 별로 없다   ⑤ 전혀 그렇지 않다

6. 남편은 연애 때와 달리 내가 중요한 말을 하는데도 건성으로 듣고 성의 없이 대답한다.
   ① 자주 그렇다   ② 그런 편이다   ③ 가끔 그렇다
   ④ 그런 적이 별로 없다   ⑤ 전혀 그렇지 않다

7. 남편은 내 말을 중간에서 자르고 자기가 결론을 내, 나를 무시한다는 느낌을 받게 한다.
   ① 자주 그렇다   ② 그런 편이다   ③ 가끔 그렇다
   ④ 그런 적이 별로 없다   ⑤ 전혀 그렇지 않다

8. 남편은 내가 쇼핑을 함께 가자고 하면 매우 싫어한다.
   ① 자주 그렇다   ② 그런 편이다   ③ 가끔 그렇다
   ④ 그런 적이 별로 없다   ⑤ 전혀 그렇지 않다

9. 남편은 시댁 식구 편이어서 나는 몹시 외롭다.
   ① 자주 그렇다   ② 그런 편이다   ③ 가끔 그렇다
   ④ 그런 적이 별로 없다   ⑤ 전혀 그렇지 않다

10. 남편은 신혼인데도 사랑한다는 말을 너무 아낀다.
    ① 자주 그렇다   ② 그런 편이다   ③ 가끔 그렇다
    ④ 그런 적이 별로 없다   ⑤ 전혀 그렇지 않다

각 항목의 ①번에는 2점 ②번에는 4점 ③번에는 6점 ④번에는 8점 ⑤번에는 10점을 주어 채점하기 바랍니다.

80 이상

당신의 점수가 80점 이상이라면 당신은 비교적 남편의 이해되지 않는 대화법을 이해하려고 노력하는 현명한 아내입니다. 그러나 남자의 뇌 모드를 이해하지 못한 상태에서 남편과 대화를 잘하려고 억지로 노력하면 몸과 마음에 큰 부담이 올 수 있습니다. 그것이 심해지면 암이나 우울증이 생길 수도 있지요. 이를 방지하려면 이 책을 읽고 가능한 한 남편의 뇌 모드를 이해하고, 남자의 뇌 모드에 맞춰서 대화하는 방법을 찾아보기 바랍니다. 그러면 속으로 쌓이는 스트레스를 크게 줄일 수 있을 것입니다. 부부 관계도 훨씬 편안해지겠지요.

60~80

당신의 점수가 60점부터 80점 사이라면 당신은 남편의 대화법을 이해하려고 노력하지만, 여전히 남편이 이해 안 돼 어리둥절할 때가 있을 것입니다. 그래서 남편 말에 화를 내거나 괜한 트집을 잡고 시비를 걸어 부부 싸움을 할 수도 있습니다. 남편에 대한 당신의 이해는 뇌 모드를 아는 데서가 아니라 '여자는 참아야 한다'는 관습과 '남편에게 사랑받고 싶다'는 욕망에서 온 것이기 때문에 속으로 불만과 화가 쌓일 수 있습니다. '화'나 '분노' 같은 감정은 그때 그때 해소하지 않고 내면에 쌓아두면 점차 커져, 결혼 후반기에 더 큰 갈등으로 나타날 수도 있습니다. 따라서 당신은 이 책을 읽고, 그 중 〈결혼 초반에〉편에서 자신의 상황에 맞는 항목을 적용해보기 바랍니다. 당신은 남편의 뇌 모드에 맞는 대화법을 개발할 수 있을 것입니다. 그것만으로도 부부 간의 대화 문제는 쉽게 해결할 수 있습니다.

40~60 당신의 점수가 40점부터 60점 사이라면 당신은 남편의 뇌 모드를 이해하지 못해 자주 실망할 것입니다. 또한 당신은 남편과 대화를 잘하려고 노력하지만 이상하게 효과가 나지 않는다고 생각할 것입니다. 당신이 당신과 정반대인 남편의 사냥꾼 뇌 모드를 이해하지 못하면, 당신이 노력해도 남편과의 대화가 겉돌 수밖에 없기 때문입니다. 당신 남편 역시 아내인 당신의 뇌 모드를 모르기 때문에 부부 간의 대화는 풀리지 않고 더욱 헛돌 수밖에 없습니다. 그러나 이 책을 읽고 남편의 뇌 모드를 이해하면 이 문제가 쉽게 풀립니다. 일단 책을 전체적으로 잘 읽어보고, 그 중에서 〈결혼 초반에〉 편을 다시 읽어보기 바랍니다. 상황별로 설명되어 있어 그때 그때 적용해보면 갈등을 해소하면서 점차 남편의 뇌 모드를 이해하게 될 것입니다.

40 미만 당신의 점수가 40점 이하라면 당신은 남자의 뇌 모드를 거의 이해하지 못한 채 결혼해, 결혼 생활 자체에 큰 실망을 느꼈을 것입니다. 그 때문에 신혼인데도 결혼을 후회하면서, 남편의 못마땅한 점만 눈에 띈다고 생각하고 있을지 모릅니다. 남편 역시 그런 아내가 부담스러워 신혼인지 권태기인지 알 수 없는 심드렁한 결혼 생활에 화를 내고 있을 수 있습니다. 그러나 이 책을 여러 번 읽어 남편의 뇌 모드를 이해하면, 남편과의 대화가 쉬워져 결혼 생활이 달라질 것입니다. 특히 이 책의 〈결혼 초반에〉 편은 상황별로 적용할 수 있어, 부부 간의 대화 문제를 푸는 열쇠가 되어줄 것입니다.

④ 기혼 남성 | 아내와의 대화 마찰 지수 체크

남자 역시 결혼에 골인하면 여자의 전혀 다른 뇌 모드가 주는 충격 때문에 아내와의 대화에서 큰 어려움을 겪게 됩니다. 그러나 당신이 여자의 뇌 모드에 맞춰 대화할 줄 안다면, 아내를 좀 더 편하게 대해 결혼 생활이 좋아질 것입니다. 다음 질문에 ① 자주 그렇다 ② 그런 편이다 ③ 가끔 그렇다 ④ 그런 적이 별로 없다 ⑤ 전혀 그렇지 않다로 답하기 바랍니다.

1. 내 아내는 점점 나를 어린애로 취급하며 옷 입는 것, 밥 먹는 것까지 사사건건 간섭한다.
   ① 자주 그렇다   ② 그런 편이다   ③ 가끔 그렇다
   ④ 그런 적이 별로 없다   ⑤ 전혀 그렇지 않다

2. 내 아내는 사소한 계산에 밝고 목숨까지 걸어 참으로 쩨쩨하다는 생각이 든다.
   ① 자주 그렇다   ② 그런 편이다   ③ 가끔 그렇다
   ④ 그런 적이 별로 없다   ⑤ 전혀 그렇지 않다

3. 내 아내는 옷이나 집 안 꾸미는 소품을 사는 데 돈을 너무 낭비한다.
   ① 자주 그렇다   ② 그런 편이다   ③ 가끔 그렇다
   ④ 그런 적이 별로 없다   ⑤ 전혀 그렇지 않다

4. 내 아내는 가능한 한 나를 집 안에 가둬두려고 한다. 항상 내 귀가 시간을 체크하고, 조금만 늦어도 심하게 화를 낸다.
   ① 자주 그렇다   ② 그런 편이다   ③ 가끔 그렇다
   ④ 그런 적이 별로 없다   ⑤ 전혀 그렇지 않다

5. 내 아내는 내가 집에서 컴퓨터를 하거나 혼자 일을 하려고 하면 꼭 훼방을 놓는다.
   ① 자주 그렇다   ② 그런 편이다   ③ 가끔 그렇다
   ④ 그런 적이 별로 없다   ⑤ 전혀 그렇지 않다

6. 내 아내는 내가 밖에서 무슨 일을 했는지 꼬치꼬치 캐묻고, 내가 귀찮아서 대답하지 않으면 화를 낸다.
   ① 자주 그렇다   ② 그런 편이다   ③ 가끔 그렇다
   ④ 그런 적이 별로 없다   ⑤ 전혀 그렇지 않다

7. 내 아내는 나에게 하지도 않은 말을 했다고 우겨 나를 당황하게 만든다.
   ① 자주 그렇다   ② 그런 편이다   ③ 가끔 그렇다
   ④ 그런 적이 별로 없다   ⑤ 전혀 그렇지 않다

8. 내 아내는 남의 눈을 너무 많이 의식해서, 손님 앞에서와 가족들 앞에서의 태도가 180도 다르다.
   ① 자주 그렇다   ② 그런 편이다   ③ 가끔 그렇다
   ④ 그런 적이 별로 없다   ⑤ 전혀 그렇지 않다

9. 내 아내는 질투심이 너무 강해 내가 여자 동료의 전화를 친절하게 받아도 불쾌해한다.
   ① 자주 그렇다   ② 그런 편이다   ③ 가끔 그렇다
   ④ 그런 적이 별로 없다   ⑤ 전혀 그렇지 않다

10. 내 아내는 어머니 또는 누이들을 적대적으로 대해 나를 곤란하게 만든다.
    ① 자주 그렇다   ② 그런 편이다   ③ 가끔 그렇다
    ④ 그런 적이 별로 없다   ⑤ 전혀 그렇지 않다

각 항목의 ①번에는 2점 ②번에는 4점 ③번에는 6점 ④번에는 8점 ⑤번에는 10점을 주어 채점하기 바랍니다.

80 이상   당신의 점수가 80점 이상이라면 당신은 아내와의 대화를 중요시하며, 아내와의 대화를 위해 무척 많은 노력을 하는 남편입니다. 그러나 아내의 기에 눌려 억지로 대화를 잘하려고 할 수도 있습니다. 이 경우라면 40점부터 60점 사이의 남편보다 더 큰 스트레스에 시달릴 것입니다. 그러나 당신이 결혼 전반기 또는 후반기에 있을지라도 이 책에서 〈결혼 초반에〉, 〈결혼 생활 경력이 쌓였을 때〉 편을 모두 읽어두면 남편으로서의 권위를 유지하면서도 아내와 대화를 잘하는 바람직한 남편이 될 수 있을 것입니다.

60~80   당신의 점수가 60점부터 80점 사이라면 당신은 비교적 아내와 대화가 잘 통하는 남편입니다. 그러나 당신이 아내의 뇌 모드를 이해해서가 아니라, 아내의 잔소리를 피하기 위해서 아내의 말을 수용하는 편이어서 아내와의 대화에서 스트레스를 받고 있을 수 있습니다. 그 스트레스는 아내에 대한 분노로 바뀔 수 있어 위험합니다. 그러나 당신이 아내의 뇌 모드를 이해하고 그에 걸맞는 대화법을 구사한다면, 편안하게 아내와 대화할 수 있는 행복한 남편이 될 것입니다. 당신이 이 책에서 〈결혼 초반에〉 편이나 〈결혼 생활 경력이 쌓였을 때〉 편을 꼼꼼하게 읽어 실제의 대화에 적용시키면 아내와의 대화가 편안해질 것입니다.

40~60   당신의 점수가 40점부터 60점 사이라면 당신은 아내와의 대화가 중요하다는 것은 알지만 대화가 잘 안 돼 자기 자신을 불행한 사람이라고 생각할 것입니다. 그러나 당신이 이 책을 읽

고 여자의 뇌 모드를 이해하면 금세 대화가 잘 통하는 좋은 남편으로 변화될 수 있습니다. 책 전체를 두 번 이상 읽어 결혼 전·후반기의 상황별로 그때 그때 적용시켜보면, 나중에는 저절로 아내의 뇌 모드에 맞는 대화법으로 대화를 하는 자신을 발견하게 될 것입니다.

40 미만 당신의 점수가 40점 이하라면 당신은 아내의 뇌 모드를 전혀 이해하지 못하는 무심한 남편입니다. 당신 아내는 당신에 대한 불만 때문에 가슴에 분노와 화가 쌓여 있을 가능성이 높습니다. 당신 아내도 당신을 '대화가 잘 안 통하는 남편'이라고 간주하고, 당신을 아예 피하거나 다른 남자에게 눈을 돌릴 준비를 하고 있을 수도 있습니다. 당신 역시 아내의 태도가 이해 안 되겠지요. 그러나 당신이 이 책을 읽고 아내의 뇌 모드를 이해한다면, 지금의 아내에 대한 불만은 물론 아내의 당신에 대한 불만의 실체를 파악하고 문제를 쉽게 해결할 수 있을 것입니다. 따라서 당신은 이 책을 세 번 이상 읽고 아내의 뇌 모드를 완전히 이해하려는 노력을 해야만, 아내에게 상처를 주지 않고 원만한 결혼 생활을 할 수 있습니다.

⑤ 직장의 남자 상사 | 여자 부하 직원과의 대화 마찰 지수 체크

직장 내 여직원이 늘면서 남자 상사는 상사대로, 여자 부하 직원은 직원대로 대화에 곤란을 겪는 경우가 많습니다. 그러나 기본적으로 이성의 뇌 모드를 이해하면 이성 동료와의 대화가 쉬워집니다. 다음 질문에 ① 자주 그렇다 ② 그런 편이다 ③ 가끔 그렇다 ④ 그런 적이 별로 없다 ⑤ 전혀 그렇지 않다로 답하기 바랍니다.

1. 나는 여직원이 내 말에 화를 내거나 울고 삐쳐 다루기가 힘들다고 생각한다.
   ① 자주 그렇다　　② 그런 편이다　　③ 가끔 그렇다
   ④ 그런 적이 별로 없다　⑤ 전혀 그렇지 않다

2. 나는 여직원 문제만 아니면 골치 아플 일이 없다는 생각이 들 정도로 여직원 대하기가 어렵다.
   ① 자주 그렇다　　② 그런 편이다　　③ 가끔 그렇다
   ④ 그런 적이 별로 없다　⑤ 전혀 그렇지 않다

3. 나는 여직원은 너무 잘해주면 기어오르고, 너무 야단치면 눈물 흘리는 까다로운 존재라고 생각한다.
   ① 자주 그렇다　　② 그런 편이다　　③ 가끔 그렇다
   ④ 그런 적이 별로 없다　⑤ 전혀 그렇지 않다

4. 나는 여직원이 상사를 위해 커피를 타고 물을 가져다주는 데 항의하면 괘씸한 생각이 든다.
   ① 자주 그렇다　　② 그런 편이다　　③ 가끔 그렇다
   ④ 그런 적이 별로 없다　⑤ 전혀 그렇지 않다

5. 나는 여직원은 책임감이 적다고 생각해 중요한 일은 맡기기 싫다.
   ① 자주 그렇다   ② 그런 편이다   ③ 가끔 그렇다
   ④ 그런 적이 별로 없다   ⑤ 전혀 그렇지 않다

6. 나는 여직원들이 업무에 열중하지 않고 여기저기 참견하는 것이 마음에 들지 않는다.
   ① 자주 그렇다   ② 그런 편이다   ③ 가끔 그렇다
   ④ 그런 적이 별로 없다   ⑤ 전혀 그렇지 않다

7. 나는 여직원들이 대체로 쓸데없는 말을 너무 많이 한다고 생각한다.
   ① 자주 그렇다   ② 그런 편이다   ③ 가끔 그렇다
   ④ 그런 적이 별로 없다   ⑤ 전혀 그렇지 않다

8. 회의 시간이나 브리핑 시간에 여직원이 감정적으로 나올 때 부담스럽다.
   ① 자주 그렇다   ② 그런 편이다   ③ 가끔 그렇다
   ④ 그런 적이 별로 없다   ⑤ 전혀 그렇지 않다

9. 나는 여직원들이 깔깔 웃다가도 별것 아닌 일로 얼굴이 굳어지는 이유를 잘 모르겠다.
   ① 자주 그렇다   ② 그런 편이다   ③ 가끔 그렇다
   ④ 그런 적이 별로 없다   ⑤ 전혀 그렇지 않다

10. 나는 정당한 명령을 투덜거리며 받아들이는 여직원의 태도는 프로 정신의 결여에서 온 것이라고 생각한다.
    ① 자주 그렇다   ② 그런 편이다   ③ 가끔 그렇다
    ④ 그런 적이 별로 없다   ⑤ 전혀 그렇지 않다

각 항목의 ①번에는 2점 ②번에는 4점 ③번에는 6점 ④번에는 8점 ⑤번에는 10점을 주어 채점하기 바랍니다.

80 이상

당신의 점수가 80점 이상일 경우 당신은 비교적 여직원들의 인기를 얻고 있는 상사일 것입니다. 그러나 당신이 진정으로 여자의 뇌 모드를 이해해서 여직원들에게 잘해주는 것이 아니라, 사무실의 평화를 위해서 의도적으로 잘해주는 것이라면, 여직원의 태도가 마음에 들지 않아 스트레스가 쌓이거나 언젠가는 자기도 모르게 여직원을 비하하는 발언을 해 곤욕을 치를 수도 있습니다. 그러나 당신이 이 책을 읽고 여자의 뇌 모드를 이해하면, 여직원에게 제대로 일을 시키고도 스트레스 없이 편안하게 대화를 나눌 수 있을 것입니다.

60~80

당신의 점수가 60점부터 80점 사이라면 당신은 비교적 여직원 통솔을 잘하지만, 여직원들에게 은근히 남자만의 무례함을 느끼게 할 가능성이 높습니다. 그 때문에 가끔 여직원이 상사인 당신 앞에서 화를 내거나 울음을 터뜨려 당황할 수 있습니다. 그러나 당신이 여직원이 가진 파수꾼 뇌 모드를 이해하면 이런 문제가 쉽게 해결될 것입니다. 이 책에서 관계에 따른 대화법 중 〈직장에서의 남녀 대화법〉 편을 읽고 상황에 맞게 응용하면, 서서히 여직원의 뇌 모드에 맞는 대화를 하게 돼 더 열심히 일하게 만들 수 있습니다.

40~60

당신의 점수가 40점부터 60점 사이라면 당신은 여자의 뇌 모드를 이해하지 못한 채 당신 생각대로 여직원을 대해 여직원으로부터 미움을 받고 있을 가능성이 큽니다. 그럴 경우 여직원은 겉으로는 당신 말에 복종하는 것 같아도, 속으로는 당신을 우습게 여기고 당신을 골탕먹일 기회를 노리고 있을 것입니다. 당신이 여직원의 파수꾼 뇌 모드를 이해해야만 이런 문제를 피해갈 수 있을 것입니다. 이 책을 전체적으로 다 읽어보고, 특히 관계에 따른 대화법에서 〈직장에서의 남녀 대화법〉 편을 두 번 이상 읽고, 현장에서 적용시켜보는 것이 좋습니다.

40 미만

당신의 점수가 40점 미만이라면 당신은 아예 여자의 뇌 모드를 알려고 하지도 않고, 이해는 더더욱 하지 못하는 상사입니다. 그래서 간혹 당신을 저주하는 여직원도 있을 것입니다. 여직원들은 당신보다 더 윗자리에 있는 사람들에게 당신에 대해 나쁘게 말할 가능성이 높습니다. 여직원들 때문에 손해를 볼 수 있는 것입니다. 당신은 절대적으로 여자의 뇌 모드를 알아야 합니다. 이 책을 적어도 세 번 이상 읽어보고, 특히 관계에 따른 대화법에서 〈직장에서의 남녀 대화법〉 편은 외울 때까지 읽고 실천해야 여직원들의 원성을 줄이고, 여직원들의 협조를 받는 유능한 상사가 될 수 있습니다.

⑥ 직장의 여자 부하 직원 | 남자 상사와의 대화 마찰 지수 체크

직장 생활에 나서는 여성 수는 늘고 있지만, 남자 상사들의 언어 때문에 고통을 겪는 여직원들은 좀처럼 줄지 않습니다. 그러나 당신이 남자 상사의 사냥꾼 뇌 모드를 이해하면 고통을 반 이상 줄일 수 있습니다. 다음 질문에 ① 자주 그렇다 ② 그런 편이다 ③ 가끔 그렇다 ④ 그런 적이 별로 없다 ⑤ 전혀 그렇지 않다로 답하기 바랍니다.

---

1. 나는 남자 상사가 말없이 나를 바라볼 때마다 내가 뭘 잘못했는지 생각한다.
   ① 자주 그렇다　　　② 그런 편이다　　　③ 가끔 그렇다
   ④ 그런 적이 별로 없다　⑤ 전혀 그렇지 않다

2. 나는 남자 상사의 명령 투 말이 귀에 거슬린다.
   ① 자주 그렇다　　　② 그런 편이다　　　③ 가끔 그렇다
   ④ 그런 적이 별로 없다　⑤ 전혀 그렇지 않다

3. 나는 남자 상사의 농담이 지나치다고 생각한다.
   ① 자주 그렇다　　　② 그런 편이다　　　③ 가끔 그렇다
   ④ 그런 적이 별로 없다　⑤ 전혀 그렇지 않다

4. 나는 남자 상사의 욕설이나 반말 때문에 그를 가까이 하기 싫다.
   ① 자주 그렇다　　　② 그런 편이다　　　③ 가끔 그렇다
   ④ 그런 적이 별로 없다　⑤ 전혀 그렇지 않다

5. 나는 남자 상사의 매너 없는 태도에 화가 치민다.
   ① 자주 그렇다　　　② 그런 편이다　　　③ 가끔 그렇다
   ④ 그런 적이 별로 없다　⑤ 전혀 그렇지 않다

6. 나는 남자 상사가 자기 집안 이야기를 하면서, 여직원이 그런 말을 하면 뒤에서 "여자들이란!" 하며 흉보는 것이 밥맛이라고 생각한다.
   ① 자주 그렇다　　　② 그런 편이다　　　③ 가끔 그렇다
   ④ 그런 적이 별로 없다　⑤ 전혀 그렇지 않다

7. 나는 남자 상사들이 아부를 잘하는 것을 보고 놀란다.
   ① 자주 그렇다　　　② 그런 편이다　　　③ 가끔 그렇다
   ④ 그런 적이 별로 없다　⑤ 전혀 그렇지 않다

8. 나는 남자 상사들이 자기보다 윗사람에게 할 말을 전혀 하지 않는다는 사실을 알고 실망한다.
   ① 자주 그렇다　　　② 그런 편이다　　　③ 가끔 그렇다
   ④ 그런 적이 별로 없다　⑤ 전혀 그렇지 않다

9. 나는 남자 상사가 사소한 일에까지 부려먹어서 기분 나쁘다.
   ① 자주 그렇다　　　② 그런 편이다　　　③ 가끔 그렇다
   ④ 그런 적이 별로 없다　⑤ 전혀 그렇지 않다

10. 나는 남자 상사가 무식하다는 것을 알고 놀란다.
    ① 자주 그렇다　　　② 그런 편이다　　　③ 가끔 그렇다
    ④ 그런 적이 별로 없다　⑤ 전혀 그렇지 않다

각 항목의 ①번에는 2점 ②번에는 4점 ③번에는 6점 ④번에는 8점 ⑤번에는 10점을 주어 채점하기 바랍니다.

80 이상

당신의 점수가 80점 이상이라면 당신은 비교적 남자 상사의 비위를 잘 맞춰 신임을 받는 부하 직원입니다. 그러나 당신이 진정으로 남자의 뇌 모드를 이해해서 상사의 신임을 받는 것이 아니라면, 당신은 대단한 인내심을 가졌거나 당신의 내면에 스트레스를 쌓고 있는 중일 것입니다. 그러나 이 책을 읽고 남자의 뇌 모드를 이해하면 스트레스 없이 편안하게 상사와 잘 지낼 수 있을 것입니다.

60~80

당신의 점수가 60점부터 80점 사이라면 당신은 비교적 남자 상사 또는 동료들과 잘 지내지만, 은근히 남자들의 무례함에 스트레스를 받고 있을 가능성이 높습니다. 가끔 남자들이 황당해할 정도로 화를 내거나 울음을 터뜨려 회사 분위기를 썰렁하게 만들 수 있습니다. 그러나 당신이 상사가 가진 남자 특유의 뇌 모드를 이해하면 그런 일은 일어나지 않을 것입니다. 이 책에서 관계에 따른 대화법 중 〈직장에서의 남녀 대화법〉 편을 읽고 상황에 맞게 응용하면, 서서히 남자 상사 또는 동료의 뇌 모드에 맞는 대화를 하게 돼 스트레스 없이 편안한 관계를 유지할 수 있을 것입니다.

40~60

당신의 점수가 40점부터 60점 사이라면 당신은 남자의 뇌 모드를 이해하지 못한 채 당신 생각대로 상사를 대해, 상사에게 오해받는 일이 많을 가능성이 높습니다. 상사는 겉으로는 당신 말을 잘 받아들이는 것 같아도, 속으로는 당신의 발언을 대수롭지 않게 여기거나 무시할 수 있습니다. 당신이 상사의 남자 뇌 모드를 이해해야만 이런 문제를 해결할 수 있습니다. 이 책을 전체적으로 다 읽어보고, 특히 관계에 따른 대화법에서 〈직장에서의 남녀 대화법〉 편을 두 번 이상 읽고 현장에서 적용시켜보면 당신의 대화법이 달라질 것입니다.

40 미만 당신의 점수가 40점 미만이라면 당신은 아예 남자의 뇌 모드를 알려고 하지도 않고, 이해는 더더욱 하지 못하는 여자 부하 직원입니다. 남자 상사 입장에서는 골치 아픈 여직원일 수 있습니다. 또한 결혼을 포기하지 않았지만 아직 애인이 없거나, 남자 직원들과 원활한 관계를 유지하지 못해 고독한 생활을 하는 여자일 가능성이 높습니다. 따라서 당신은 절대적으로 남자의 뇌 모드에 대한 공부를 해야 합니다. 이 책을 적어도 세 번 이상 읽어보고, 특히 관계에 따른 대화법에서 〈직장에서의 남녀 대화법〉 편은 외울 때까지 읽고 실천해야 남자 상사와 원만하게 대화하고 제때 진급도 하는 유능한 직장인이 될 수 있습니다.

지은이 대화전문가 이정숙

KBS 공채 3기 아나운서로 입사해 20년 동안 일하다가 미국으로 건너가 미국 미시간주립대학교에서 스피치 이론과 커뮤니케이션 과정을 수료하였으며, 서강대학교 언론대학원에서 석사학위를 받았다. J.S. 프레젠테이션 컨설턴트 원장, 서강대학교 언론대학원 최고위과정 운영 및 총책임, ㈜SMG 대표이사를 역임했다. 현재는 ㈜에듀테이너 그룹 및 부설 유쾌한대화연구소의 대표로 활동하며 정계와 재계 리더를 위한 개별 커뮤니케이션 코치와 스피치 코칭 과정을 운영 중이다.

주요 저서로는 《돌아서서 후회하지 않는 유쾌한 대화법 78 ❶ ❷》 《부모와 자녀가 꼭 알아야 할 대화법(부모편, 자녀편)》 《말 잘하는 아이가 공부도 잘한다》 《잔소리하지 않고 유쾌하게 공부시키는 법 60》 《관계를 깨뜨리지 않고 유쾌하게 이기는 법 68》 《자녀의 성공지수를 높여주는 부모의 대화법》 《말할 때마다 행운을 부르는 대화법》 《성공하는 여자는 대화법이 다르다》 《말하는 대로 이루어진다》 《자녀를 성공시킨 엄마의 말은 다르다》 등이 있다.

홈페이지 http://2ic.co.kr | 이메일 2icommu@gmail.com
트위터 ID @2icom | 페이스북 facebook.com/2icom

그린이 김대중

1974년생. 서울대학교 산업디자인과에서 시각디자인을 전공했다. 현재 만화가와 일러스트레이터로 활동하고 있으며, 출판사 '새만화책'에서 만화책을 만들며 즐거운 나날을 보내고 있다.

마음을 읽어주는
유쾌한 남녀 대화법

초판 1쇄 발행 2011년 6월 15일
초판 2쇄 발행 2011년 6월 27일

지은이 | 이정숙
그린이 | 김대중
펴낸이 | 한 순 이희섭
펴낸곳 | 나무생각
편집 | 이은주 디자인 | 이은아
마케팅 | 김종문 이재석

출판등록 | 1998년 4월 14일 제13-529호
주소 | 서울특별시 마포구 서교동 475-39 1F
전화 | 02)334-3339, 3308, 3361   팩스 | 02)334-3318
이메일 | tree3339@hanmail.net
홈페이지 | www.namubook.co.kr   트위터 ID | @namubook

ⓒ 이정숙, 2011

ISBN 978-89-5937-234-8 03320

* 이 책은 2006년에 출간한 《한 가지만 알아도 쉽게 풀리는 남녀 대화법》의
  내용을 보강하여 새롭게 출간하였습니다.

* 값은 뒤표지에 있습니다. 잘못된 책은 바꿔 드립니다.